초등 통째로 이해되는 세계사

초등
통째로 이해되는 세계사 ❷
헬레니즘과 춘추·전국 시대 기원전 9세기~기원전 3세기

초판 1쇄 발행 | 2016년 1월 11일
초판 6쇄 발행 | 2022년 4월 18일

글 | 김상훈
그림 | 이창섭
감수 | 남동현, 나상집 (경기도 중등역사과교육연구회)

펴 낸 곳 | (주)가나문화콘텐츠
펴 낸 이 | 김남전
편 집 장 | 유다형
외 주 편 집 | 이정화
편   집 | 이보라 설예지 김아영
디 자 인 | 양란희
마 케 팅 | 정상원 한웅 정용민 김건우
관   리 | 임종열

출 판 등 록 | 2002년 2월 15일 제10-2308호
주   소 | 경기도 고양시 덕양구 호원길 3-2
전   화 | 02-717-5494(편집부) 02-332-7755(관리부)
팩   스 | 02-324-9944
홈 페 이 지 | www.ganapub.com
이 메 일 | ganapub@naver.com

ISBN 978-89-5736-752-0 (74900)
ISBN 978-89-5736-750-6 세트 (74900)

*책값은 뒤표지에 표시되어 있습니다.
*이 책의 내용을 재사용하려면 반드시 (주)가나문화콘텐츠의 동의를 얻어야 합니다.
*잘못된 책은 구입하신 서점에서 바꾸어 드립니다.

*'가나출판사'는 (주)가나문화콘텐츠의 출판 브랜드입니다.

「이 도서의 국립중앙도서관 출판시도서목록(CIP)은 서지정보유통지원시스템 홈페이지(http://seoji.nl.go.kr)와 국가자료공동목록시스템(http://www.nl.go.kr/kolisnet)에서 이용하실 수 있습니다.(CIP제어번호: CIP2015029012)」

• 제조자명 : (주)가나문화콘텐츠
• 주소 및 전화번호 : 경기도 고양시 덕양구 호원길 3-2 / 02-717-5494
• 제조연월 : 2022년 4월 18일
• 제조국명 : 대한민국
• 사용연령 : 4세 이상 어린이 제품

가나출판사는 당신의 소중한 투고 원고를 기다립니다. 책 출간에 대한 기획이나 원고가 있으신 분은 이메일 ganapub@naver.com으로 보내주세요.

한국사까지 저절로 공부되는
역사 이야기

초등
통째로 이해되는
세계사

2

**헬레니즘과
춘추·전국 시대**

기원전 9세기
~기원전 3세기

글 김상훈 그림 이창섭
감수 남동현, 나상집 (경기도 중등역사과교육연구회)

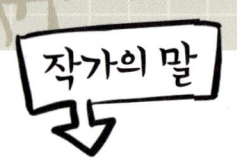
작가의 말

동양과 서양의 충돌, 그리고 문화의 발전

메소포타미아 문명, 이집트 문명, 인더스 문명, 황허 문명을 보통 세계 4대 문명이라고 해요. 이 세계 4대 문명 중 가장 오래된 메소포타미아 문명은 서아시아에서 발달했어요. 여러 나라가 번영했다가 몰락하기를 거듭했지요. 그러다가 페르시아 제국이 등장해 서아시아 일대를 통일했어요.

페르시아가 등장하기 전에 서아시아의 서쪽, 그러니까 지중해와 가까운 소아시아에는 그리스 인이 세운 도시들이 꽤나 번영하고 있었어요. 이 도시들을 두고 소아시아에서 페르시아와 그리스의 자존심이 충돌했어요. 이렇게 해서 터진 전쟁이 동양과 서양 사이의 첫 대형 전쟁인 페르시아 전쟁이지요.

이 책에서는 페르시아 전쟁을 포함해 기원전 9세기부터 기원전 3세기 사이의 페르시아와 그리스 역사를 다룰 거예요. 우선 그리스 폴리스로 가도록 할게요. 폴리스는 고대 그리스에만 있었던 특이한 형태의 도시 국가랍니다. 폴리스는 그리스 본토는 물론 소아시아에도 들어섰어요. 소아시아의 폴리스들이 바로 그리스 식민 도시였어요. 그리스 식민 도시들이 발전할 때 페르시아 제국도 성장했어요. 갈등이 생길 수밖에 없었지요. 페르시아 전쟁이 터진 이유를 대충 짐작하겠지요?

페르시아 전쟁이 끝난 후에는 그리스 폴리스들 사이에 내전이 터졌어요.

　이 전쟁을 펠로폰네소스 전쟁이라고 불러요. 펠로폰네소스 전쟁이 끝나고 난 후에는 알렉산드로스가 또 다른 큰 전쟁을 일으켰어요. 이게 동방 원정인데, 정말로 많은 전쟁이 터졌지요?

　이 기간, 아시아의 동쪽 중국에는 무슨 일이 일어나고 있었을까요? 바로 중국 역사상 가장 혼란스러웠다는 춘추·전국 시대가 이어지고 있었답니다. 춘추·전국 시대에도 셀 수 없이 많은 전쟁이 터졌어요.

　어쩌면 기원전 9세기부터 기원전 3세기 사이에 서양과 동양이 동시에 큰 혼란기를 맞았다고 할 수 있어요. 하지만 혼란스럽기만 했던 건 아니에요. 그 와중에도 철학과 문화가 발전했답니다. 대표적인 것이 알렉산드로스의 동방 원정의 영향으로 헬레니즘 문화가 융성했고, 헬레니즘 제국이 건설된 점을 들 수 있겠지요. 중국과 우리나라에서도 철기 문화가 본격적으로 발달했어요. 이뿐만 아니라 서양과 동양에서 무수히 많은 사상가가 나타나 철학을 발전시켰어요. 불교와 조로아스터교 같은 종교도 이때 발생했답니다.

　그리고 보니 유럽과 서아시아, 인도를 넘어 중국까지……. 각 지역의 역사를 시간 순으로 따라가 볼게요. 서로 긴밀하게 엮여 있거든요. 자, 이제 역사 속으로 출발해 볼까요?

용어로 한번에 정리 쏙!

〈헬레니즘과 춘추·전국 시대〉를 읽을 때 나오는 세계사 용어예요. 기원전 9세기에서 기원전 3세기까지의 역사가 펼쳐져요. 이 책을 읽기 전에 세계사 용어를 익혀 두면 훨씬 재미있을 거예요.

소아시아 　**아시아 서쪽 끝에 있는, 흑해, 에게 해, 지중해에 둘러싸여 있는 반도를 가리키는 말**이에요. 터키 땅의 대부분을 차지해요. 예로부터 아시아와 유럽을 잇는 중요한 통로였어요. 그래서 소아시아는 동양 문명과 서양 문명이 함께하는 곳이지요.

오리엔트 　**해가 뜨는 동쪽이라는 뜻으로, 라틴 어의 오리엔스라는 말에서 나온 말**이에요. 서아시아, 소아시아, 이집트를 포함하는 말로 쓰이고, 인도의 인더스 강 유역까지 가리키기도 해요. 유럽과 미국에서는 동양을 가리킬 때 쓰기도 해요.

헬레니즘 　**그리스 사람들이 자신들을 가리키던 '헬레네스'라는 말에서 나온 말**이에요. 그리스 문화가 세계적으로 퍼져나간 것을 말해요. 마케도니아의 알렉산드로스 대왕이 동방 원정을 하면서 그리스 문화와 정신을 퍼뜨렸어요. 그 결과 동방 문화와 그리스 문화가 합쳐져서 헬레니즘 문화가 생겨났지요. 헬레니즘 문화는 그리스 문화에 바탕을 두면서도 개방적인 세계 시민주의를 강조했어요.

춘추 시대

춘추라는 말은 공자가 지은 〈춘추〉에서 나왔어요. **'춘추'는 '봄과 가을'이라는 뜻으로, 중국에서 '1년'을 표현하는 말**이에요. 〈춘추〉는 노나라를 다스렸던 열두 제후 시절의 역사를 시간의 순서에 따라 지은 책이에요. 춘추 시대는 기원전 770년에서 기원전 403년까지예요.

전국 시대

전국이라는 말은 한의 학자 유향이 낸 〈전국책〉이라는 말에서 나왔어요. 〈전국책〉은 제후들의 역사 자료를 편집하여 편찬한 책이에요. **'전국'은 '전쟁을 하는 나라'라는 뜻으로, 전쟁이 끊이지 않아서 붙인 말**이지요. 전국 시대는 기원전 403년에 시작해 진이 중국을 통일한 기원전 221년까지예요.

제자백가

'제자'는 '모든 학자'를, '백가'는 '백 가지 지식'이란 뜻이에요. 즉 '제자백가'란 '수많은 사상가와 학파'란 뜻으로 춘추·전국 시대의 사상가와 그들의 사상을 뜻하는 말로 쓰여요. 제자백가의 사상은 이후 중국과 동아시아 사람들의 삶에 큰 영향을 미쳤어요.

봉건 제도

봉건 제도는 중국 주에서 시행했던 제도예요. 왕이 토지를 제후에게, 제후는 신하에게 나누어 주고, 그 대가로 신하는 제후에게, 제후는 왕에게 충성을 바쳐야 하는 제도를 말해요. **봉건의 '봉'은 주의 왕이 제후를 임명하고 토지를 나누어 주는 제도를 가리키는 말이고, '건'은 나라를 세운다는 뜻**이에요. 대부분의 제후는 주의 왕족이나 공신이 임명되었어요. 봉건 제도는 중세 시대 유럽과 일본에서도 시행되었던 제도예요.

상좌부 불교

'상좌부'는 '장로들의 길'이라는 뜻으로, '장로'는 배움이 크고 나이가 많으며 덕이 높은 승려를 높여 이르는 말이에요. **상좌부 불교는 수행자 개인이 깨달음을 얻어 세상의 모든 괴로움을 초월하는 것을 목표**로 해요. 스리랑카, 타이, 베트남, 라오스 등 동남아시아 사람들이 많이 믿어요. 소승 불교라고도 해요.

대승 불교

'대승'이란 '큰 수레'라는 뜻으로, 수레는 가르침을 나타낸 거예요. **대승 불교에서는 많은 사람을 잘 가르쳐 부처의 경지에 이르게 하는 것을 목표**로 하고 있어요. 대승 불교는 우리나라를 비롯해 몽골, 티베트, 중국, 일본 등 동아시아 사람들이 많이 믿어요.

> 간단 테스트

❶ 아시아의 서쪽 끝에 있는, 흑해, 에게 해, 지중해로 둘러싸인 반도를 가리키는 말은 무엇인가요?

❷ 미국과 유럽 사람들이 동양이라는 의미로 쓰는 말은 무엇인가요?

❸ 알렉산드로스 대왕의 동방 원정의 결과로 나타난 문화는 무엇인가요?

❹ 중국 사람들은 '춘추'를 무슨 뜻으로 썼나요?

❺ 제자백가에서 '백가'는 무슨 뜻인가요?

❻ 수행자 개인의 깨달음을 얻는 것을 목표로 하는 불교는 무엇인가요?

정답 ❶ 소아시아 ❷ 오리엔트 ❸ 헬레니즘 문화 ❹ 역사 ❺ 많은 학자 지파 ❻ 상좌부 불교

지도 연표로 한눈에 정리 쏙! · 6
용어로 한번에 정리 쏙! · 8

1장 민주주의 요람, 그리스 폴리스

그리스에 폴리스가 세워졌어요 · 18
스파르타는 군사 대국이 되었어요 · 23
아테네에서는 귀족과 평민이 싸웠어요 · 26
클레이스테네스가 아테네의 민주주의를 실시했어요 · 30
지도 위 세계사 | 아테네에서 만나는 고대 그리스 문화 · 34

2장 페르시아 제국 탄생과 페르시아 전쟁

키루스 대왕이 페르시아 제국을 건설했어요 · 38
위대한 다리우스 대왕이 페르시아의 번영을 이끌었어요 · 43
페르시아와 그리스가 전쟁을 벌였어요 · 46
그리스 연합군이 페르시아와 싸웠어요 · 50
그리스가 페르시아 전쟁에서 결국 승리했어요 · 55
지도 위 세계사 | 이란에서 만나는 페르시아 제국 · 56

3장 폴리스들의 내전, 펠로폰네소스 전쟁

그리스가 분열되었어요 · 60
페리클레스가 아테네의 민주 정치를 꽃피웠어요 · 63
펠로폰네소스 전쟁이 터졌어요 · 67
스파르타가 그리스에서 가장 강한 폴리스가 되었어요 · 70
테베가 스파르타의 뒤를 이어 가장 강한 폴리스가 되었어요 · 74
지도 위 세계사 | 그리스에서 만나는 그리스 신화 · 78

4장 세계 제국을 건설한 알렉산드로스!

알렉산드로스는 마케도니아 필리포스 2세의 아들이에요 · 82
알렉산드로스의 시대가 열렸어요 · 86
페르시아를 정복하러 떠났어요 · 89
마침내 페르시아를 무너뜨렸어요 · 93
알렉산드로스가 세계 제국을 건설했어요 · 97
지도 위 세계사 | 키클라데스 제도에서 만나는 고대 그리스 · 102

5장 헬레니즘 문화, 세계로 퍼지다

알렉산드로스가 헬레니즘 문화를 퍼뜨렸어요 · 106

헬레니즘 시대는 자연 과학이 발달했어요 · 110

알렉산드로스의 동방 원정은 인도에도 영향을 미쳤어요 · 114

우리나라의 석굴암도 헬레니즘 문화의 영향을 받았어요 · 118

지도 위 세계사 | 알렉산드로스의 발자취를 따라 만나는 헬레니즘 · 124

6장 춘추·전국 시대의 혼란, 그리고 변화

제후들의 다툼이 시작되었어요 · 128

춘추 시대에는 다섯 나라가 강했어요 · 132

전국 시대가 시작되었어요 · 140

진이 가장 강한 나라가 되었어요 · 142

진이 춘추·전국 시대를 끝냈어요 · 146

고조선이 무럭무럭 성장하고 있었어요 · 149

지도 위 세계사 | 산시 성 시안에서 만나는 고대 중국 · 152

7장 동양과 서양 철학이 활짝 피다

공자가 유가를 만들었어요 · 156

맹자와 순자가 공자의 뒤를 이어 유가를 발전시켰어요 · 159

상앙과 한비가 법가를 발전시켰어요 · 163

노자와 장자가 도가를 세웠어요 · 167

그리스, 자연 철학에서 소피스트 철학으로 발전했어요 · 171

소크라테스, 플라톤, 아리스토텔레스가 그리스 철학을 완성했어요 · 175

조로아스터교와 불교도 탄생했어요 · 180

지도 위 세계사 | 산둥 성에서 만나는 공자와 맹자 · 184

세계사 정리 노트 · 186

찾아보기 · 193

기원전 594년경
아테네, 솔론의 개혁 실시

기원전 800년경
그리스 폴리스 탄생

기원전 700년경
스파르타, 리쿠르고스 법 제정

1장
민주주의 요람, 그리스 폴리스

그리스 문명은 그리스 남부의 섬 크레타에서 시작되었어요.
그 뒤 그리스 본토로 퍼졌어요. 그리스 문명이 끝날 무렵에
트로이 전쟁이 일어났어요. 이때가 기원전 1200년 무렵이에요.
트로이 전쟁이 끝나고 그리스는 혼란에 빠졌어요.
그리스 사람들은 아무도 살지 않는 산골짜기로 달아나 숨었어요.
어떤 사람들은 바다 건너 소아시아로 도망갔지요.
그 사람들이 작은 도시 국가를 건설하기 시작했어요.
이 도시 국가를 '폴리스'라고 불렀지요. 그리스 폴리스가 어떻게 발전했는지 살펴보아요.

기원전 621년경
아테네, 드라콘의 법 제정

기원전 594년경
아테네, 솔론의 개혁 실시

그리스에 폴리스가 세워졌어요

기원전 1200년 무렵에 있었던 트로이 전쟁이 끝나고 에게 문명이 몰락한 뒤 약 400년 동안의 그리스 역사는 알 수 없어요. 이때를 암흑 시대라고 해요. 기원전 800년 무렵부터 그리스 사람들이 도시 국가를 만들었어요. 이 도시 국가를 '폴리스'라고 해요. 그리스는 산과 섬이 많고 해안선이 복잡했어요. 그래서 이집트나 메소포타미아처럼 전 지역을 통일한 국가를 이루기가 어려웠을 거예요.

폴리스들은 자기 폴리스에서 일어난 일은 스스로 해결했어요. 다른 폴리스의 정치에 간섭하는 법이 없이 사이좋게 지냈어요. 아무리 작은 폴리스라도 각자 주권을 가진 독립국이었지요. 그렇지만 다른 민족이 쳐들어오면 힘을 합쳐서 같이 싸웠답니다. 그리스 사람들이 세운 폴리스는 점점 많이 생겨서 기원전 600년 무렵에는 수많은 폴리스가 생겼어요. 대단하죠?

그리스 사람들은 스스로를 '헬레네스'라고 부르며 그리스 사람이라는 강한 자부심을 가지고 있었어요. 헬레네스는 헬렌의 자손이라는 뜻으로, 헬렌은 그리스의 전설적인 영웅이지요. 그리스 사람들은 4년에 한 번씩 올림피아 제전을 열며 친목을 다졌어요. 올림피아 제전이 열리는 동안에는 전쟁을 하지 않았어요. 올림피아 제전에는 도시 국가의 성인 남자들만 참여할 수 있었어요. 그렇지만 외국인과 노예, 여자는 참여

> 그리스 폴리스

티라스
테오도시아
스파냐
아가테
칼라티스
마실리아
오데소스
엠포리움
흑해
아폴로니아
알랄리아
세사모스
키토로스
아미소스
헤라클레이
엘레아
포티다이아
에게 해
테리나
아테네
헤메르스코플룸
시라쿠사
스파르타
지중해
하드루메룸
키레네
타우케이라 바르카
에우헤스페리데스

할 수 없었지요. 올림피아 제전의 주요 종목은 원반 던지기, 달리기, 레슬링, 창던지기, 멀리뛰기 등이었어요. 선수들은 옷을 입지 않고, 신발도 신지 않고 경기를 벌였다고 해요. 우승한 사람들에게는 머리에 월계수 잎으로 만든 월계관을 씌어 주었어요.

폴리스는 그리스에서만 볼 수 있었어요. 폴리스가 생겨나면서 그리스만의 독특한 민주 정치가 탄생했어요. 유럽에 있는 국가와 아시아에 있는 국가의

19

정치 모습이 다른 것은 그리스 폴리스 때문이라고 할 수 있어요. 폴리스의 정치는 메소포타미아나 이집트와 아주 많이 달랐어요. 메소포타미아 지역의 국가나 이집트에서는 왕의 권력이 아주 강했지요. 그렇지만 폴리스는 왕이 없는 곳도 많았어요. 왕이 있어도 권력은 그리 강하지 않았어요.

폴리스가 처음 세워질 무렵에는 귀족들의 권력이 더 강했어요. 그렇다고 귀족이 평민을 완전히 무시하지는 못했어요. 평민이 없으면 군대를 만들 수 없기 때문이었지요. 당시 평민들은 전쟁이 일어나면 스스로 창과 방패를 갖추고 귀족과 함께 전쟁에 참여했어요.

시간이 흐르면서 평민들의 힘은 점점 강해졌어요. 평민들은 정치에 참여하게 해 달라며 귀족과 싸웠어요. 그 결과 평민들의 회의 기구인

민회가 가장 권력이 센 기관으로 우뚝 섰지요.

오늘날 우리나라에서는 대통령이 국민을 대표해 나라를 통치해요. 폴리스에도 이런 대통령이 있었는데, '아르콘'이라고 해요. 아테네에서는 아르콘을 투표로 뽑았답니다.

폴리스의 시민들은 대체로 평등했고, 많은 자유를 누렸어요. 일종의 '자유롭고 평등한 시민 공동체'인 셈이지요. 하지만 폴리스의 시민이 아닌 노예나 외국인, 여자는 낮은 대우를 받았어요.

폴리스의 정치가 독특하다는 느낌이 들지 않나요? 이래서 많은 학자가 '폴리스가 등장하면서 진정한 유럽의 역사가 시작됐다'고 말한답니다. 그렇다면 폴리스는 어떤 모습이었을까요? 대부분의 폴리스는 사람들이 북적이는 도시와 한적한 농촌으로 돼 있었어요. **도시의 높은 언덕에는 큰 신전이 있었는데, 이 신전이 있는 곳을 '아크로폴리스'라고 불렀지요. 시민이 자주 모이는 광장은 '아고라'라고 불렀어요.**

모든 폴리스를 다 살펴볼 수는 없어요. 그래도 꼭 살펴봐야 할 폴리스가 있어요. 그리스를 대표하는 두 폴리스, 바로 스파르타와 아테네랍니다. 스파르타는 주변의 작은 폴리스를 정복하며 발전했어요. 강한 군대가 곧 국력이라는 이념을 '군국주의'라고 하는데, **스파르타가 군국주의 상징이랍니다. 반면 아테네는 민주주의의 상징이에요.** 오늘날에도 민주주의를 공부할 때 가장 먼저 참고하는 나라가 바로 아테네지요. 아테네에서는 시민의 자격이 있는 남자는 모두 정치에 참여했답니다.

이제 스파르타와 아테네가 세워진 초기 시절로 갈 거예요. 먼저 스파르타로 가 볼까요?

스파르타는 군사 대국이 되었어요

기원전 8세기 무렵이었어요. 스파르타는 리쿠르고스라는 지도자가 다스리고 있었다고 해요. 리쿠르고스가 실제로 있었던 사람인지는 확실하지는 않지만요.

리쿠르고스는 스파르타를 위해 원로원과 민회 외에도 여러 법과 제도를 만들었다고 해요. 우선 시민들이 공동 식당에서 함께 식사를 하도록 하고, 금화와 은화를 없앴어요. 또한 모든 남자는 가족과 떨어져서 군사 훈련을 받도록 했어요.

실제로 스파르타의 남자들은 농사를 짓지도 않았고, 장사를 하지도 않았어요. 이런 일은 모두 노예에게 맡겼어요. 귀족과 평민 남자는 오로지 군사 훈련만 받았어요. 스파르타의 왕은 두 명이었는데, 모두 전사 출신이었어요. 나라의 권력은 귀족이 차지하고 있었지요. 그렇지만 중요한 나랏일은 민회에서 결정했어요.

스파르타의 남자아이들은 어렸을 때부터 전쟁에 나가 싸울 수 있는 전사로 길러졌어요. 장애가 있는 아기나 지나치게 허약한 아기는 산속에 갖다 버렸지요. 일곱 살부터 서른 살까지 군대에 들어가 아주 혹독한 군사 훈련을 받았어요. 훈련을 나가면 밥을 안 주고, '알아서 훔쳐 먹어라!'는 명령을 받았지요. 밥을 훔쳐 먹다가 들키면 매를 맞았고, 매를 맞다가 죽기도 했어요.

　귀족의 아들도 평민의 아들도 똑같이 집단생활을 했고, 똑같은 훈련을 받았어요. 스파르타의 전사가 되는 과정이 정말 혹독하지요? 여자아이들은 어땠을까요? 여자아이들도 강한 체력을 기르기 위해 운동을 배워야 했어요. 강인한 스파르타 전사의 어머니가 되어야 했기 때문이에요. 스파르타의 어머니는 아들이 전쟁터로 떠날 때 방패를 전해 주며 '네 방패를 가지고 돌아오너라. 그러지 않으면 방패를 덮고 돌아오너라'라는 말을 했다고 해요. 전쟁에 승리하지 못하면 죽어서 돌아오라는 뜻이었지요.

리쿠르고스는 스파르타의 법과 제도가 영원히 이어지기를 바랐다고 해요. 그래서 자신의 목숨과 바꾸었다는 이야기가 전해 내려오고 있어요.

어느 날, 리쿠르고스가 신전으로 가서 신의 말씀을 전해 들었어요. 신은 현재의 법과 제도를 잘 지킨다면 스파르타가 가장 강한 폴리스가 될 것이라고 했지요. 비로소 리쿠르고스가 마음을 놓았어요. 하지만 가슴 한 구석에 새로운 걱정거리가 생겨났어요.
'내가 죽고 난 뒤에 내가 만든 법과 제도가 잘 지켜지지 않는다면, 지금까지 한 일이 아무 소용 없는 것이 아닌가?'
리쿠르고스는 고민 끝에 시민들을 모아 놓고 연설했어요.
"스파르타의 운명에 대해 신탁을 듣기 위해 멀리 떠나니, 내가 돌아오기 전에 그 누구도 스파르타의 법과 제도를 바꾸지 마라!"
시민들은 동의했어요. 리쿠르고스는 웃으며 여행을 떠났어요. 그러고는 어느 바닷가에서 스스로 목숨을 끊었지요. 그래야 영원히 스파르타로 돌아갈 수 없잖아요. 자신이 돌아가지 않으면 스파르타의 법과 제도는 바뀌지 않을 테니까! 결국 리쿠르고스는 자신의 목숨과 스파르타의 번영을 바꾼 셈이에요.

왜 스파르타는 이렇게 엄격한 법과 제도를 만들었을까요? 스파르타의 시민들은 도리아 인이었어요. 도리아 인은 그리스 문명 막바지에 그리스로 쳐들어온 민족이었어요. 도리아 인이 쳐들어오자 원래부터 그리스에 살던 사람들은 그들을 피해 달아났어요. 하지만 미처 달아나지 못한 사람들은 도리아 인의 지배를 받을 수밖에 없었지요. 도리아 인들의 수는 원래 그리스에 살던 사람들보다 훨씬 적었어요. 그래서 도리아 인들은 강력한 법과 제도, 그리고 강한 군대로 그들을 다스렸어요. 이런 전통이 굳어지면서 스파르타는 군대가 최고인 나라, 즉 군국주의 국가로 발전했던 거예요.

기원전 7세기 후반 스파르타는 주변 폴리스들을 여럿 정복한 강대국이 되었어요. 이때 아테네에서는 어떤 일이 일어나고 있었을까요?

아테네에서는 귀족과 평민이 싸웠어요

아테네가 처음 생길 무렵에는 왕이 있었어요. 하지만 얼마 뒤에 왕은 사라지고 귀족들이 아테네를 다스렸어요. 귀족 중에서 뽑힌 여러 명의 아르콘이 아테네의 종교, 사법, 군사 문제를 맡아보았어요. 이에 비해 평민들의 권력은 약했지요.

아테네의 귀족과 평민은 오랜 시간이 지나면서 서로에게 불만이 쌓였어요. 그러다 결국에는 큰 싸움이 터졌어요. 이 싸움을 끝낸 사람이 드라콘이에요.

　드라콘은 평민들에게 원하는 게 무엇이냐고 물었어요. 평민들은 '귀족들은 평민들을 함부로 대한다. 모든 것을 자기들 마음대로 하려고 한다. 그러니 귀족이 권력을 마음대로 휘두를 수 없도록 법을 만들어 달라'라고 대답했지요.

　드라콘은 평민들이 원하는 법을 만들어 줬어요. 귀족과 평민이 평등하다는 법이었지요. 이 법이 '드라콘의 법'이에요. **드라콘의 법은 아테네에서 처음으로 만들어진 성문법이에요.** 평민들은 새로운 법에 만족했을까요? 글쎄요. 드라콘의 법은 아주 무시무시했답니다. 죄를 지으면 무조건 사형에 처했어요. 물건 몇 개를 훔쳐도 사형! 다른 사람을 때려도 사형! 심지어 게으름을 지나치게 피워도 사형이었어요. 정말 무섭죠?

실수로 잘못을 저지를까 봐 얼마나 마음을 졸였을까요? 그래서 그리스 사람들은 드라콘의 법을 '피로 쓰인 법'이라고 했답니다.

드라콘도 스파르타의 리쿠르고스와 마찬가지로 실제로 살았던 사람인지는 알 수 없어요. 다만 드라콘의 법이 있었다는 것만큼은 분명해요. 그 증거가 여러 곳에서 발견됐거든요.

기원전 6세기로 접어들 즈음, 솔론이라는 귀족이 아르콘으로 뽑혔어요. **솔론은 고대 그리스 역사를 통틀어 가장 뛰어난 정치가로 손꼽혀요.** 솔론은 그리스 사람들을 공포에 떨게 했던 드라콘의 법을 몇 가지 조항만 빼고는 없앴어요.

이즈음 아테네에서는 부자와 가난한 사람, 귀족과 평민 사이가 점점 나빠지고 있었어요. 솔론은 이 문제를 해결하지 않으면 아테네의 평화가 깨질 수 있다고 생각했어요.

우선, 솔론은 돈을 꾸었다가 갚지 못해서 노예가 된 농민을 다시 농민으로 만들어 주었어요. 농민이 귀족에게 진 빚도 없애 버렸지요. 토지를 되찾은 농민들은 다시 농사를 지을 수 있게 되었어요. 토지가 없는 농민들은 도시로 옮겨 수공업자가 되었어요.

솔론은 귀족들만 참여하던 정치도 개혁했어요. 평민이라도 재산이 많으면 정치에 참여할 수 있도록 했지요. 모든 평민에게 정치 참여의 기회를 준 건 아니지만, 그래도 꽤 발전한 셈이에요.

솔론이 세상을 떠나자 귀족과 평민이 다시 싸우기 시작했어요. 솔론

의 친척인 페이시스트라토스가 아테네가 혼란스러워진 틈을 이용하여 권력을 잡았어요. **페이시스트라토스처럼 무력을 이용하여 지배자가 된 사람을 '참주'라고 불러요.** 페이시스트라토스의 뒤를 이어 아들 히피아스가 참주가 되었어요. 히피아스는 얼마 지나지 않아 마음대로 권력을 휘두르는 독재자가 되었어요. 당연히 아테네의 정치를 바꾸려고 노력하는 개혁파들이 다시 들고 일어났어요. 이때가 기원전 6세기 말이었고, 대표적인 개혁가가 클레이스테네스였지요.

클레이스테네스가 아테네의 민주주의를 실시했어요

클레이스테네스는 히피아스와 힘든 싸움을 벌인 끝에 권력을 잡았어요. 그러고는 평민의 편에 서서 개혁을 시작했어요.

우선 **귀족의 힘을 약화시켰어요**. 원래 아테네에는 네 개의 부족이 있었는데 귀족들이 지배했어요. 클레이스테네스는 이 네 부족을 흩어지게 하고, 사는 지역에 따라 10개의 공동체를 만들었어요. 이 공동체를 '데모스'라고 해요. 데모스는 '민중'이란 뜻이에요. 민주주의를 뜻하는 영어 '데모크라시(Democracy)'가 바로 '데모스'에서 나온 말이랍니다. 데모스에 소속된 시민은 누구나 평등한 권리를 누렸어요.

클레이스테네스는 '500인 평의회'를 만들었어요. 500인 평의회는 민회에 '이런 정책을 만들어 주세요'라고 건의할 수 있었지요. 10개의 데모스에서 50명씩 추첨으로 뽑았으니, 아테네 시민이면 일생에 한 번은 평의회 회원이 될 수 있었어요.

클레이스테네스는 도편 추방제를 만들었어요. '도편'은 도자기 조각이란 뜻이에요. 그리스 시민들이 도자기 조각에 쫓아내고 싶은 사람의 이름을 적어 낸 다음, 그중에서 가장 많은 표를 얻은 사람을

10년 동안 아테네에서 쫓아냈지요. 왜 이런 제도를 만들었을까요? 앞으로 독재자가 될 수 있는 사람을 미리 가려내기 위해서였어요. 곡물이 잘 자라도록 잡초를 없애 버리는 것과 같은 것이지요.

클레이스테네스는 참으로 많은 일을 했어요. 학자들은 **클레이스테네스를 아테네에 '직접 민주주의'를 실현한 지도자라고 생각해요.** 직접 민주주의는 모든 시민이 정치에 참여하는 민주주의를 가리키지요. 오늘날에는 국민이 뽑은 국회 의원이나 대통령이 정치를 해요. 이런 민주주의를 '대의 민주주의' 또는 '간접 민주주의'라고 한답니다.

그렇다면 아테네의 직접 민주주의는 어떻게 이루어졌을까요? 이웃 폴리스와 분쟁이 벌어졌다고 가정해 볼게요.

제일 먼저 전쟁을 할까 말까를 논의하기 위해 민회를 열었어요. 물론 민회가 열리기 전에 500인 평의회에서 이 주제를 미리 검토했어요. 민회에서는 열띤 토론을 벌였지요. 민회에는 스무 살 이상의 남자라면 누구나 참여할 수 있었어요. 모두에게 열려 있는 토론이었거든요. 수천 명이 아고라에서 벌어지는 민회에 참여하기도 했지요.

토론이 끝나면 민회에 참여한 사람들이 투표를 했어요. 그 결과 전쟁에 반대하는 표가 조금 더 많았어요. 민회는 다수결의 원칙을 따랐답니다. 이 원칙에 따라 아테네는 전쟁을 치르지 않겠다고 선포했어요.

이웃 폴리스와 평화롭게 지내기로 했으니 공직자 중에서 사절단을 보내기로 했어요. 공직자도 성인 남자 중에서 뽑았답니다. 누군가 죄를 저지르면 재판을 하지요? 재판정에서 유죄와 무죄를 가리는 사람을 배심원이라고 하는데, 배심원 또한 성인 남자 중에서 추첨으로 뽑았어요.

이처럼 아테네에서는 스무 살 이상의 남자라면 누구나 공직자나 배심원, 민회 회원이 될 수 있었어요. 쉽게 말해서 그리스의 성인 남자라면 다 정치에 참여할 수 있었던 거예요. 그래서 직접 민주주의라고 부르는 거랍니다. 하지만 여자와 노예에게는 이런 권리를 주지 않았어요. 조금 아쉬운 점이지요.

자, 여기까지 그리스 폴리스에 대해 살펴봤어요. 그리스 폴리스들은 소아시아로도 세력을 넓혔어요. 그러자 소아시아에 식민지를 두고 있던 페르시아와 맞붙게 되었지요.

기대하세요. 더 박진감이 넘치는 역사가 곧 펼쳐질 거예요.

지도 위 세계사
아테네에서 만나는 고대 그리스 문화

아테네는 고대 그리스 문화의 중심지였어요.
많은 유적지가 남아 있어서 오늘날까지도 수많은 관광객이
찾아오는 곳이에요. 민주주의가 시작된 아테네를 둘러보아요.

아테네

아고라

아크로폴리스 언덕의 아래쪽에는 시민들의 공간인 아고라가 있었어요. 여기서 아테네 시민들이 모여 나랏일을 논의했어요. 아고라는 시장 역할을 하기도 했지요. 신전도 많았는데, 지금은 흔적들만 남아 있답니다.

아크로폴리스

그리스 폴리스는 대부분 언덕 지대에 중심지가 있었는데, 이를 아크로폴리스라고 불렀어요. 아테네의 아크로폴리스에는 아테네를 지키는 수호 여신인 아테나를 섬기는 파르테논 신전이 있지요. 오늘날 파르테논 신전은 아테네의 상징이에요.

파르테논 신전

디오니소스 극장

디오니소스는 술과 풍요의 신이에요. 아크로폴리스 남쪽에는 디오니소스의 이름을 딴 극장이 있었어요. 고대 그리스에서는 이곳에서 연극이 많이 열렸대요. 요즘에도 이곳에서 디오니소스 축제를 연답니다.

뉴 아크로폴리스 박물관

아크로폴리스에서 발굴된 문화재부터 로마 시대 문화재까지 전시되고 있지요. 지금 있는 박물관은 새로 만들어진 것이라서 과거의 것과 구별하려고 뉴 아크로폴리스 박물관이라고 한답니다.

뉴 아크로폴리스 박물관에 전시된 여신 상

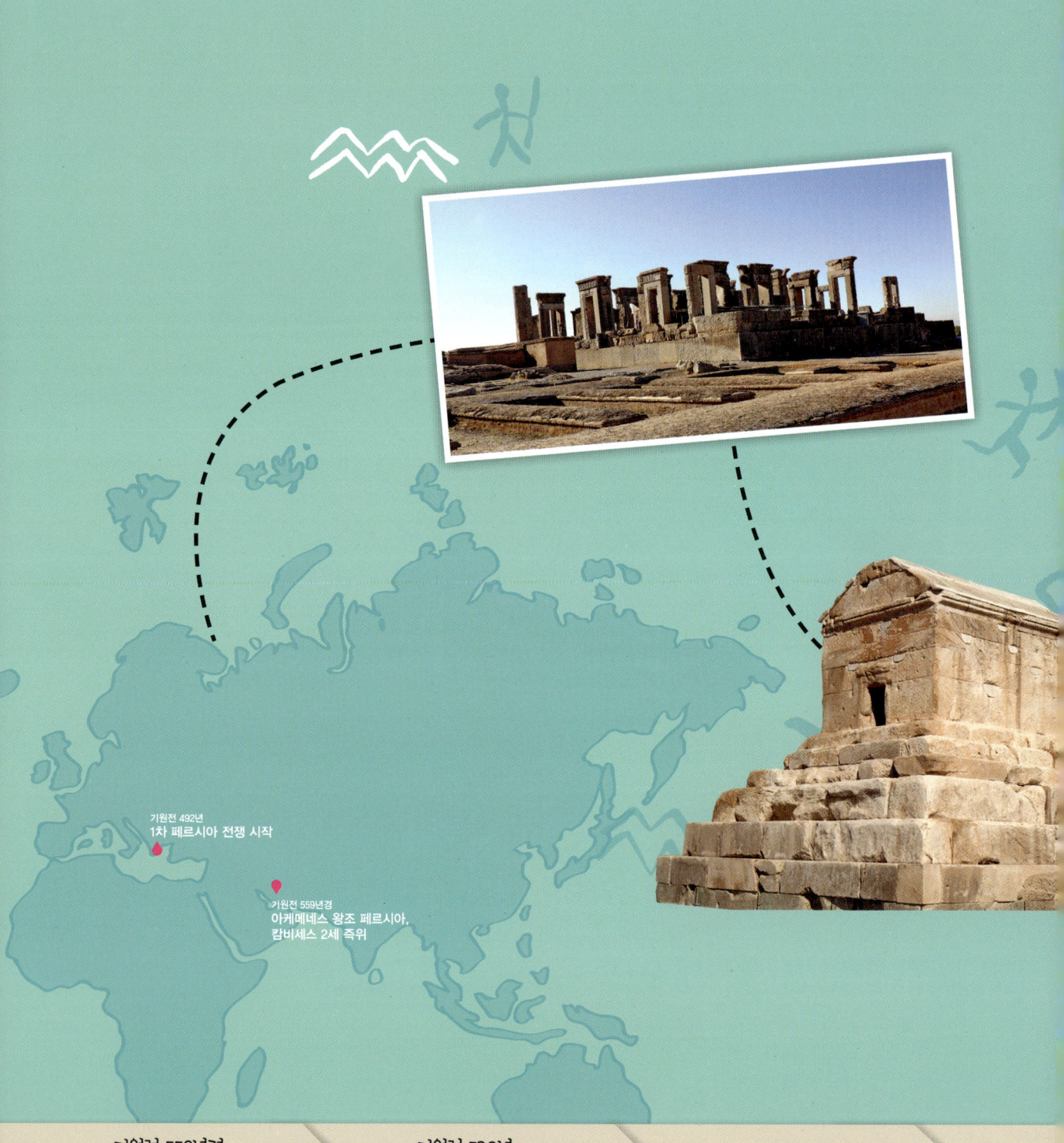

기원전 492년
1차 페르시아 전쟁 시작

기원전 559년경
아케메네스 왕조 페르시아,
캄비세스 2세 즉위

| 기원전 559년경
아케메네스 왕조 페르시아,
키루스 2세 즉위 | 기원전 530년
아케메네스 왕조 페르시아,
캄비세스 2세 즉위 | 기원전 492년
1차 페르시아 전쟁 시작 |

2장
페르시아 제국 탄생과 페르시아 전쟁

기원전 7세기에 오리엔트 지역을 통일한 나라는 아시리아였어요.
하지만 아시리아는 얼마 지나지 않아 멸망했어요.
그 뒤 기원전 6세기 중반에 오리엔트 지역을 다시 통일한 나라가
페르시아 제국이랍니다. 페르시아 제국은 소아시아 지역으로 세력을 뻗쳤고,
그리스도 소아시아 지역으로 세력을 뻗쳤어요.
결국 그리스와 페르시아 제국은 큰 전쟁을 치른답니다.
기원전 6세기 중반부터 기원전 5세기 중반까지의
그리스와 메소포타미아의 약 100년 역사를 살펴보아요.

기원전 490년	기원전 480년	기원전 448년
2차 페르시아 전쟁 시작	3차 페르시아 전쟁 시작	그리스·페르시아 평화 조약 체결

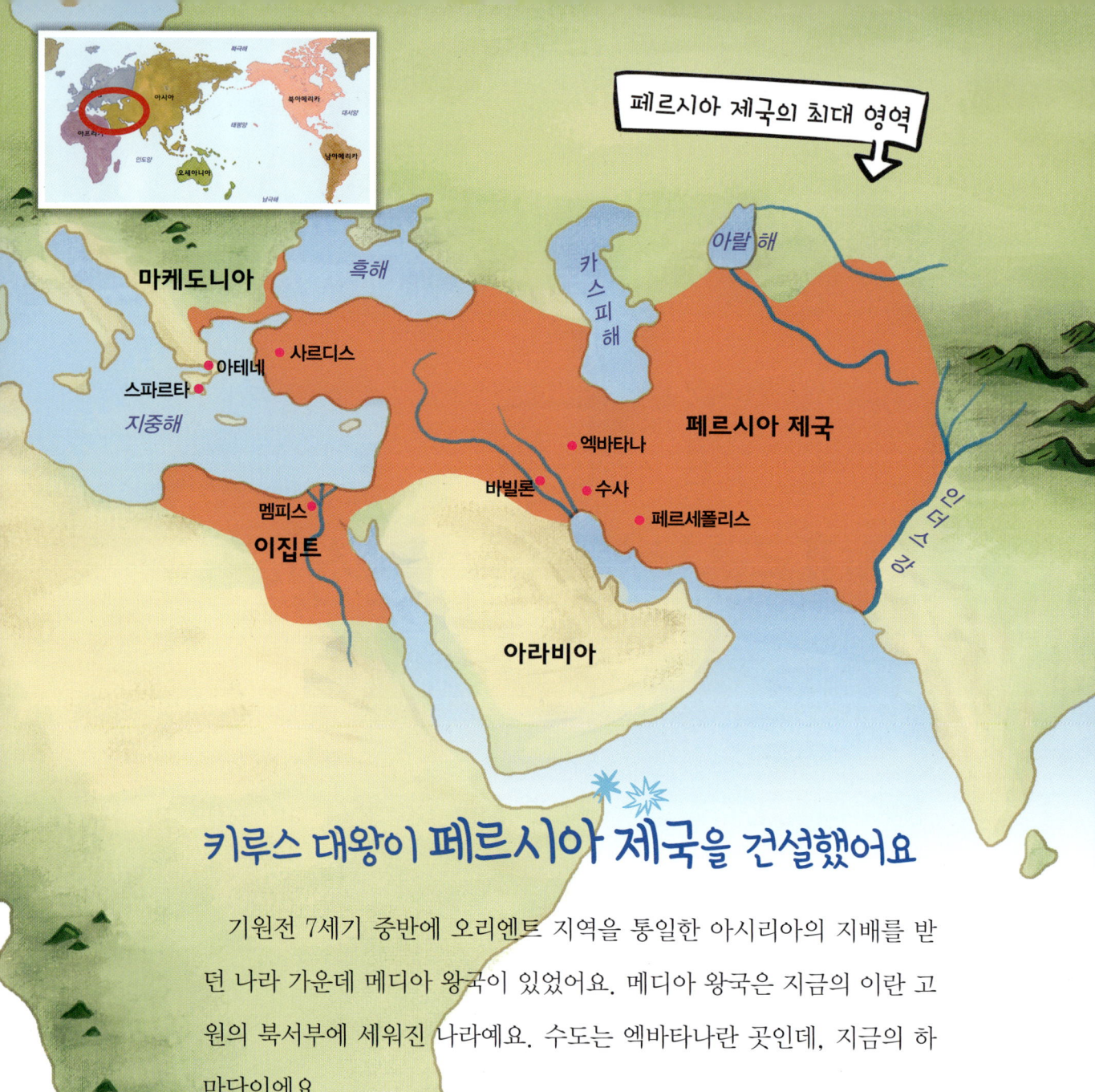

키루스 대왕이 페르시아 제국을 건설했어요

　기원전 7세기 중반에 오리엔트 지역을 통일한 아시리아의 지배를 받던 나라 가운데 메디아 왕국이 있었어요. 메디아 왕국은 지금의 이란 고원의 북서부에 세워진 나라예요. 수도는 엑바타나란 곳인데, 지금의 하마단이에요.

　메디아 왕국은 아시리아와 싸우려고 바빌로니아의 후손인 신바빌로니아 왕국과 힘을 합쳐 연합군을 만들었어요. 연합군은 곧 아시리아를 공격해 무너뜨렸어요. 아시리아가 사라지자 신바빌로니아와 메디아가 메소포타미아 지역의 새로운 강대국으로 떠올랐지요. 신바빌로니아는 과거 바빌로니아의 땅, 그러니까 메소포타미아 문명이 발생한 이라크에 세워진 나라예요.

신바빌로니아와 메디아 중에서 굳이 따지자면 신바빌로니아가 메디아보다 강했어요. 약한 나라들은 몸을 낮춰 신바빌로니아와 메디아의 제후국이 되었어요. 제후국이 되면 큰 나라에 충성을 맹세해야 해요. 그래야 큰 나라의 보호를 받을 수 있거든요.

메디아가 거느리던 제후국 중에 아케메네스 왕조 페르시아가 있었어요. 아케메네스 왕조 페르시아는 아시리아가 오리엔트를 통일하기 전부터 있던 나라예요. 하지만 그리 강한 나라는 아니었어요.

기원전 559년에 아케메네스 왕조 페르시아에서 키루스 2세가 왕위에 올랐어요. 이 무렵, 그리스에서는 폴리스들이 발전하고 있었고, 중국에서는 춘추 시대가 한창이었어요.

키루스 2세는 큰 업적을 많이 남겨 키루스 대왕으로 더 많이 알려져 있어요. 키루스 대왕은 먼저 메디아 왕국에 도전장을 던졌어요. 두 나라 사이에 치열한 전투가 벌어졌지요. 메디아와 아케메네스 왕조 페르시아는 5년이 넘도록 싸웠어요. 키루스 대왕은 전투 끝에 메디아의 수도 엑바타나를 정복했어요. 메디아는 아케메네스 왕조 페르시아가 그렇게 강할 거라고는 꿈에도 생각하지 못했을 거예요. 키루스 대왕은 메디아 왕국을 정복하고 이란 지역 전체를 차지했어요. 옛날에는 이란을 페르시아라고 불렀어요. 아케메네스 왕조 페르시아가 페르시아 제국의 첫 통일 국가인 셈이죠.

자, 그럼 아케메네스 왕조 페르시아의 다음 목적지는 어디였을까요? 메소포타미아 문명의 중심지! 메디아와 함께 아시리아를 무너뜨렸던 나라, 바로 신바빌로니아였어요. 이즈음 신바빌로니아는 왕이 독재를 하는 바람에 아주 혼란스러웠어요. 신바빌로니아 귀족과 백성들은 성문을 활짝 열어 키루스 대왕을 맞았어요. 키루스 대왕은 큰 전투 한 번 치르지 않고 신바빌로니아를 정복했어요. 더불어 메소포타미아 지역을 차지할 수 있었지요. 이때가 기원전 539년이에요. 키루스 대왕이 왕에 오르고 20년이 지난 뒤였어요.

키루스 대왕은 메디아 왕국과 신바빌로니아 왕국을 정복해 페르시아를 제국으로 우뚝 세웠어요. 그래서 키루스 대왕을 페르시아 제국의 창건자라고 부르지요. 오늘날에도 이란에서는 키루스 대왕을 '건국의 아버지'라고 부른답니다. 키루스 대왕을 '관용의 대왕'이라고도 해요. 관용은 남의 잘못을 너그럽게 받아들이거나 용서하는 것을 말하는데, 키루스 대왕이 정복한 나라의 백성들을 너그럽게 대했기 때문이에요. 키

　루스 대왕이 신바빌로니아의 수도 바빌론을 정복했을 때 백성들을 모아 놓고 다음과 같은 연설을 했어요.

　"세계의 왕, 나 키루스는 어느 민족도 위협하지 않는다. 정복지 백성들의 전통과 종교를 존중하겠다. 다른 민족이나 사람을 억압할 자격은 그 누구에게도 없다. 다른 사람의 권리와 자유를 침범해선 안 된다. 나

키루스는 절대 무력으로 통치하지 않을 것이다."

지금까지 남아 있는 이 선언은 원통형의 진흙판에 기록돼 있는데, 역사상 처음으로 나타난 '인권 선언'이라는 평가를 받고 있어요.

신바빌로니아에는 유대 인이 많이 살고 있었어요. 신바빌로니아가 유다 왕국을 정복한 뒤 끌고간 사람들이지요. 70여 년간 노예 생활을 하던 유대 인들은 고향으로 돌아가고 싶었어요. 키루스 대왕은 그 소원을 들어주었어요. 그뿐만 아니라 예루살렘에 유대 인들이 성전을 쌓는 것도 허락했지요. 그래서 키루스 대왕은 〈구약 성서〉에도 기록되었어요. 성서에서는 키루스 대왕을 '고레스 왕'이라고 해요.

키루스 대왕의 정복 전쟁은 신바빌로니아를 차지하는 것으로 끝나지 않았어요. 이집트를 정복해서 아시리아에 이어 오리엔트 지역을 다시 통일하고 싶었지요. 하지만 그 꿈은 이루지 못했어요. 다른 민족을 정벌하는 과정에서 목숨을 잃었거든요.

오리엔트를 다시 통일한 인물은 키루스 대왕의 아들 캄비세스 2세였어요. 캄비세스 2세는 이집트를 정복한 데 이어 아프리카의 북부 지역 대부분을 차지했지요. 캄비세스 2세가 오리엔트를 다시 통일할 수 있었던 것도 사실 아버지인 키루스 대왕이 발판을 잘 다져 놓았기 때문이었어요. 캄비세스 2세는 얼마 지나지 않아 세상을 떠났어요.

위대한 다리우스 대왕이 페르시아의 번영을 이끌었어요

아케메네스 왕조 페르시아의 모든 왕을 알아 둘 필요는 없어요. 딱 두 명만 알고 있으면 돼요. 한 명이 우리가 이미 알고 있는 키루스 대왕이고, 또 한 명이 다리우스 대왕이라고 불리는 다리우스 1세예요. 키루스 대왕과 다리우스 대왕 덕분에 페르시아는 오리엔트를 다스리는 거대한 제국으로 발전할 수 있었답니다.

다리우스 대왕은 캄비세스 2세의 뒤를 이어 왕이 됐지만 캄비세스 2세의 아들은 아니었어요. 캄비세스 2세가 죽고 난 뒤에 일어난 반란을 진압하고 왕이 되었지요. 자, 다리우스 대왕의 업적을 살펴볼까요?

다리우스 대왕은 어수선한 정치부터 바꾸었어요. 먼저 왕에게 모든 권력이 집중되도록 했지요. 이어 사방으로 영토를 넓혔고, 정복지마다 총독을 파견했어요. 총독은 대왕의 명령을 받아 정복지를 다스렸지요. **다리우스 대왕이 내린 명령은 '왕의 길'이라는 도로를 통해 빠르게 총독에게 전달되었어요. 이렇게 왕이 지방까지 직접 다스리는 것을 '중앙 집권 제도'라고 한답니다.**

이즈음 그리스에서는 전혀 다른 정치 형태가 발전하고 있었어요. 아테네에서는 민주주의가, 스파르타에서는 군국주의가 발전하고 있었지요.

참 흥미롭지요? 같은 시기에 페르시아와 그리스가 전혀 다른 정치 형태를 발전시켰으니까요. 그리스 폴리스들은 노예와 외국인, 여자를 빼면 대체로 평등했어요. 페르시아에서는 왕과 귀족, 평민, 노예의 신분이 철저하게 나뉘어 있었어요. 이것도 그리스와 페르시아가 크게 다른 점이지요.

페르시아 왕의 권력은 아주 강했기 때문에 명령이 떨어지면 페르시아 제국 전 지역으로 곧바로 전달되었어요. 이와 같은 중앙 집권 제도가 페르시아 제국이 번영할 수 있었던 힘 가운데 하나랍니다.

페르시아 제국이 번영할 수 있었던 또 다른 힘은 관용 정신이에요. 키루스 대왕이 신바빌로니아를 정복한 뒤에 발표한 인권 선언에도 잘 나타나 있지요. 다리우스 대왕도 다른 민족을 힘으로 억누르지 않았어요. 그들의 문화와 전통을 인정해 주었어요. 오리엔트를 처음으로 통일했던 아시리아 왕국이 왜 100년을 채우지 못하고 멸망했는지 알고 있

지요? 바로 아시리아에는 페르시아 제국이 가지고 있던 관용 정신이 없었기 때문이에요.

자, 이제 다리우스 대왕이 넓힌 영토를 살펴볼까요? 동쪽으로는 중앙아시아를 넘어 인도의 인더스 강 어귀까지, 서쪽으로는 소아시아를 넘어 에게 해에 이르렀어요. 에게 해의 끝에는 그리스 본토가 있어요. 서남쪽으로는 이집트 사하라 사막까지, 북쪽으로는 아랄 해까지 이르렀지요. 정말 대단하지요?

아케메네스 왕조 페르시아의 수도인 페르세폴리스는 당시 세계에서 가장 큰 도시였어요. 지금도 이란에 가면 페르세폴리스의 유적을 볼 수 있지요. 페르세폴리스에는 수많은 상인이 북적였어요. 다리우스 대왕이 건설한 도로를 따라 페르시아 상인이 동서양을 오가며 장사를 했어요. **세계 각 지역의 진귀한 물건이 페르세폴리스로 몰려들었답니다. 페르세폴리스에서는 동양과 서양의 문화가 자연스럽게 교류할 수 있었어요.**

다리우스 대왕은 페르세폴리스에 웅장하고 화려한 궁전을 세웠어요. 이 궁전을 완공하는 데만 약 50년이 걸렸다고 해요. 얼마나 대단했는지 짐작할 수 있겠지요? 나중에 알렉산드로스 대왕이 페르시아로 원정 왔을 때 다리우스 대왕의 궁전을 보고는 입이 딱 벌어질 정도였어요.

페르시아와 그리스가 전쟁을 벌였어요

그리스와 가까운 오늘날의 터키 주변, 즉 소아시아 지역에는 그리스 식민 도시들이 많았어요. 다리우스 대왕은 소아시아 지역에 있는 그리스 식민 도시들을 지배했어요. 페르시아는 그리스 식민 도시에서 세금을 받았고, 다른 나라와 전쟁을 할 때에도 군사를 보내라고 했지요. 그리스 본토에 있는 아테네, 스파르타 등은 페르시아가 싫었어요. 그들은 '그리스 사람은 고귀하지만 페르시아 사람은 야만적이다'라고 생각하고 있었거든요. 결국 그리스 본토의 폴리스들은 기원전 499년에 그리스 식민 도시들을 부추겨 페르시아에 맞서서 반란을 일으키도록 했어요. 이 반란을 '이오니아 반란'이라고 불러요. 이때 페르시아의 몇몇 도시는 쑥대밭이 되었어요. 하지만 이오니아 반란이 '잠자는 사자의 코털을 건드린 꼴'이 되었어요. 화가 난 **다리우스 대왕이 반란을 진압하고 그리스 본토로 쳐들어갔어요.** 이때가 기원전 492년이에요. 이것이 페르시아 전쟁의 시작이었어요.

페르시아 군대는 그리스 북부의 트라키아와 마케도니아를 정복한 다음 아테네를 정복하기로 했어요. 하지만 태풍이 페르시아 함대를 덮쳐 모든 전함이 박살났어요. 이때 2만여 명의 병사가 목숨을 잃었지요. 어떤 학자들은 이 전투를 1차전으로 보지 않아요. '몸 풀기 전투'로 보지요.

2년 뒤, 다리우스 대왕이 바다를 건너 그리스 정벌에 나섰어요. 이제 본격적인 페르시아 전쟁이 시작된 거예요. 우리나라 남쪽에 있는 다도해처럼 그리스 남동쪽에도 작은 섬이 많았는데, 이를 키클라데스 제도라고 해요. 약 600척의 페르시아 함대가 키클라데스 제도를 건너 그리스 본토에 내리자마자 그곳을 점령해 버렸지요.

그리스 폴리스들은 연합군을 만들어 페르시아와 싸우기로 했어요. 그런데 군사력이 강한 스파르타가 종교 행사를 핑계로 군대를 보내지 않았어요. 그사이에 페르시아 군대는 아테네 동북쪽으로 40킬로미터(km) 떨어진 마라톤 평원까지 나아갔어요. 긴박했겠지요? 아테네는 스파르타가 군대를 보내 줄 때까지 기다릴 수 없었어요. 병사 1만 명을 마라톤 평원으로 보냈지요. 하지만 페르시아 병사는 2만 명이 넘었어요. 아테네 장군 밀티아데스의 빼어난 전략이 없었다면 이 전투에서 그리스가 이기는 건 불가능했을 거예요.

밀티아데스는 창과 방패로 무장한 병사들을 빽빽이 세웠어요. 페르시아 쪽에서 화살이 날아오면 몸을 숙이고 방패로 가렸다가 페르시아 쪽으로 창을 날릴 때는 방패를 옆으로 치웠지요. 그리스가 전통적으로 쓰던 이 방식을 '밀집 대형 전술'이라고 한답니다.

페르시아 장군은 밀집 대형 전술을 비웃었어요. 빽빽하게 서 있는 병사들을 한 번에 무너뜨리면 전투가 끝날 거라고 생각했지요. 하지만 페르시아 장군이 잘못 판단한 거예요. 실제로 잘 훈련된 병사들은 밀집 대형의 양쪽 끝에 있었거든요. 그리스 병사들은 페르시아 병사들이 공격하자 뚫리는 척하면서 뒤로 물러났어요. 페르시아 병사들은 신이 나서 그리스 진영의 깊숙한 곳까지 들어왔지요. 그러자 밀집 대형의 양쪽에 있던 병사들이 페르시아 병사들을 공격해 페르시아 군대를 순식간에 무너뜨렸어요. **페르시아와 그리스의 두 번째 전쟁은 그리스의 대승으로 끝이 났답니다.**

아테네에 이 승리를 알리기 위해 마라톤 평원에서 아테네까지 한 병사가 뛰어간 게 마라톤의 기원이라고 알려져 있어요. 마라톤의 기원에 대해서는 또 다른 이야기도 있어요. 페르시아 군대가 마라톤 평원에 상륙하자 아테네 병사가 스파르타에 도움을 요청하러 달려간 것이 마라톤의 기원이란 거지요. 어쨌든 페르시아의 입장에서는 마라톤 경기가 썩 유쾌하지 않겠지요? 그래서인지 요즘에도 페르시아의 후손인 이란은 마라톤 경기에 거의 참가하지 않는다고 해요.

2차 전쟁에서 패배한 뒤 다리우스 대왕은 세상을 떠났어요. 하지만 페르시아와 그리스 사이의 전쟁은 아직 끝나지 않았지요. 다리우스 대왕의 아들로 왕에 오른 크세르크세스가 3차 전쟁을 준비하기 시작했어요.

그리스 연합군이 페르시아와 싸웠어요

2차 전쟁이 끝나고 10년이 흘렀어요. 크세르크세스는 그리스를 이기려고 철저하게 준비했어요. 병사 100만 명, 함선 1000척의 어마어마한 규모로 군대를 꾸렸어요. 그리스도 이에 맞설 준비를 했지요. **그리스의 30여 개 폴리스가 연합군을 만들었어요. 육군은 스파르타, 해군은 아테네가 지휘하기로 했지요.**

페르시아 군대는 그리스 북부에 있는 마케도니아를 통해 그리스로 들어와 남쪽으로 이동했어요. 해군도 육군과 함께 해안선을 따라 남쪽으로 이동했어요. 그리스 연합군도 페르시아를 막기 위해 북쪽으로 올라갔어요. **스파르타의 왕 레오니다스는 스파르타의 정예 부대 300명을 이끌고 테르모필레 협곡에서 페르시아 육군을 기다렸어요.** 테르모필레 협곡은 길이 좁기 때문에 페르시아의 대군이 한꺼번에 움직일 수 없거든요. 마침내 페르시아 군대가 테르모필레 협곡으로 들어왔어요. 스파르타 병사들은 어려서부터 전사로 키워졌다고 앞에서 이미 말했지요? 그러니 300명의 스파르타 전사들이 얼마나 잘 싸우겠어요? 스파르타 전사들은 페르시아 군대를 막아 냈어요. 페르시아 군대는 좀처럼 테르모필레 협곡을 통과하지 못했지요.

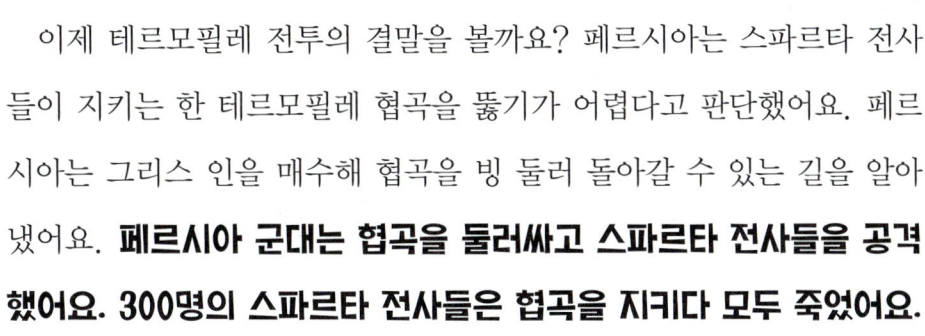

이제 테르모필레 전투의 결말을 볼까요? 페르시아는 스파르타 전사들이 지키는 한 테르모필레 협곡을 뚫기가 어렵다고 판단했어요. 페르시아는 그리스 인을 매수해 협곡을 빙 둘러 돌아갈 수 있는 길을 알아 냈어요. **페르시아 군대는 협곡을 둘러싸고 스파르타 전사들을 공격했어요. 300명의 스파르타 전사들은 협곡을 지키다 모두 죽었어요.** 이 전투를 소재로 미국에서 '300'이라는 영화를 만들기도 했어요.

이제 땅 위에서 페르시아 군대에 맞설 수 있는 그리스 군대는 없어요.

페르시아 군대는 아테네를 향해 맹렬하게 진격했어요. 이제 아테네가 위험해졌어요.

당시 아테네의 아르콘은 테미스토클레스였어요. 그는 마라톤 전투를 승리로 이끈 밀티아데스와 라이벌이었답니다. 밀티아데스는 육군을 중요하게 여겼어요. 육군 덕분에 아테네가 마라톤 전투에서 승리할 수 있었지요.

이와 달리 테미스토클레스는 해군을 중요하게 여겼어요. 페르시아 육군이 워낙 강하기 때문에 해군으로 맞서야 한다는 거지요. **테미스토클레스는 아테네 시민들을 설득해 군함을 만들고 아테네의 해군을 그리스에서 가장 강하게 만들었어요.** 이제 스파르타 육군마저 박살났

으니 아테네 해군이 그리스를 구할 마지막 희망이 되었어요.

어느덧 페르시아 군대가 아테네 코앞까지 쳐들어왔어요. 테미스토클레스는 노인과 어린이, 여자들을 아테네 근처에 있는 살라미스 섬으로 대피시켰어요. 나머지 청년들은 모두 군함에 나눠 태웠어요. 이로써 3차 페르시아 전쟁이 '땅 위의 전쟁'에서 '바다의 전쟁'으로 바뀌게 되었지요. 아테네와 살라미스 섬 사이의 바다를 살라미스 해협이라고 불러요. 바로 이 살라미스 해협에서 테미스토클레스와 아테네 청년들이 페르시아 함대를 기다렸어요. 얼마 지나지 않아 페르시아 함대가 나타났어요. 웅장한

지휘선과 그 지휘선을 따르는 거대한 군함들……. 페르시아 해군의 규모는 아테네 해군과 비교할 수 없을 정도로 컸어요. 하지만 전투는 규모로만 하는 게 아니지요. 테미스토클레스는 머리를 썼답니다.

그리스 함대는 살라미스 해협 안쪽으로 후퇴하기 시작했어요. 페르시아 함대에서는 고함이 터져 나왔어요. "적들이 도망간다. 추격하라!" 페르시아 함대가 그리스 함대를 쫓아가기 시작했지요. 이미 땅 위의 전투에서 대승을 거둔 후라 페르시아 군대는 자만에 빠져 있었어요. 혹시 함정이 있을지도 모른다는 생각은 하지도 못했어요. 2차 페르시아 전쟁을 떠올려 보세요. 마라톤 전투 때에도 페르시아 장수들은 그리스의 전술을 비웃다가 결국 패배했잖아요. 페르시아는 그 기억을 다 까먹은 걸까요? 이번에도 페르시아는 똑같은 실수를 저지른답니다.

살라미스 해협은 물살이 아주 빨랐어요. 폭도 좁았지요. 그러니 규모가 큰 페르시아의 군함들이 해협에서는 제대로 움직일 수 없어요. 테미스토클레스가 노린 게 바로 그거였어요. 살라미스 해협 안쪽으로 들어온 페르시아 군함들이 서로 뒤엉켰어요. 그 틈을 노려 테미스토클레스는 페르시아 군함을 공격했어요. 결과는 그리스의 승리였지요. **살라미스 해전에서 패함으로써 페르시아는 3차전도 패배하고 말았어요.** 이제 페르시아가 그리스를 차지하려는 욕심을 포기할 만도 해요. 하지만 페르시아는 포기할 줄 몰랐어요. 3차전이 끝난 이듬해, 페르시아는 다시 그리스를 공격했어요. 이 전투에서도 페르시아가 패했지요.

그리스가 페르시아 전쟁에서 결국 승리했어요

페르시아 전쟁에서 그리스가 최종 승리한 것은 기적과 같은 이야기예요. 전투력이나 무기, 병력만 놓고 보면 그리스는 페르시아의 적수가 될 수 없었거든요.

그리스가 승리할 수 있었던 첫 번째 이유는 **그리스 사람들의 단결력과 애국심 덕분이었어요.** 만약 아테네 시민들이 테미스토클레스의 작전을 따라 주지 않았더라면 그리스는 살라미스 해전에서 승리할 수 없었을 거예요.

두 번째 이유는 **페르시아가 자만했기 때문이에요.** 마라톤 전투나 살라미스 해전은 모두 페르시아가 자신들의 힘만 믿고 자만했기 때문에 패배한 거예요. 전쟁을 할 때에는 아무리 적이 약하다고 해도 상대방을 얕보고 방심하면 절대 안 돼요. 자만과 방심이 결국 페르시아를 패배로 몰고 간 셈이지요.

그리스와 페르시아는 그 뒤 한동안 전쟁을 하지 않았어요. 그렇게 30여 년이 흐른 후 그리스와 페르시아는 평화 조약을 체결했어요. 평화 조약에서 페르시아는 소아시아에 있는 그리스 식민 도시의 독립을 인정했어요.

지도 위 세계사
이란에서 만나는 페르시아 제국

이란에는 페르시아 제국의 수도인 페르세폴리스를 포함해 많은 유적지가 있어요. 동양과 서양의 교류 중심지였던 이란을 둘러보아요.

이란

출발
슈슈타르

파사르가대
페르세폴리스
시라즈

슈슈타르의 관개 시설

슈슈타르

이란의 남서부에 있어요. 슈슈타르에 있는 관개 시설은 기원전 5세기 무렵 다리우스 대왕 때 처음 만들어졌어요. 그 뒤 시간이 흐르면서 슈슈타르에는 운하와 댐이 건설되었지요.

에람 정원

시라즈

이란 남서부에 있어요. 시라즈 시에 있는 에람 정원은 유네스코 세계 문화유산으로 등재된 페르시아 9개 정원 가운데 하나예요. 페르시아 정원은 키루스 2세 시대의 정원 모습을 기본으로 했는데, 후에 인도와 에스파냐 궁전 정원에 영향을 많이 미쳤어요.

페르세폴리스

아케메네스 왕조 페르시아의 수도였어요. 이란 남서부에 있는 시라즈 시에서 북동쪽으로 약 70킬로미터(km) 떨어져 있어요. 거대한 궁전이 있었지만 안타깝게도 마케도니아의 알렉산드로스 군대가 파괴하여 흔적만 남아 있어요.

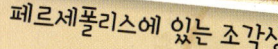

페르세폴리스에 있는 조각상

파사르가대

키루스 2세가 건설한 아케메네스 왕조 페르시아 최초의 수도예요. 페르세폴리스 북동쪽 87킬로미터(km) 지점에 있지요. 2~3킬로미터(km)의 유적지 안에 키루스 2세의 무덤을 비롯해 요새와 왕궁, 정원 등이 남아 있어요.

키루스 2세의 무덤

기원전 431년
펠로폰네소스 전쟁 시작

기원전 500년경	기원전 477년	기원전 461년
펠로폰네소스 동맹 결성	델로스 동맹 결성	페리클레스, 아르콘에 선출

3장
폴리스들의 내전, 펠로폰네소스 전쟁

페르시아 전쟁 이후에 아테네는 그리스의 일인자가 되었어요.
아테네가 마라톤 전쟁과 살라미스 해전에서 페르시아를
격파하지 않았으면 페르시아 전쟁에서 이길 수 없었을 테니까요.
그 뒤 그리스는 아테네를 중심으로 한 델로스 동맹과
스파르타를 중심으로 한 펠로폰네소스 동맹으로 나뉘어 싸웠어요.
이 전쟁이 바로 펠로폰네소스 전쟁이지요.
페르시아와 싸울 때 힘을 합쳤던 폴리스들이 이번엔
자기들끼리 싸운 거예요. 펠로폰네소스 전쟁의 상처는 아주 컸어요.
미리 귀띔하자면, 아테네가 몰락한답니다.
민주주의의 전통도 무너지고 말지요.
그 결과 고대 그리스 폴리스 시대가 막을 내리게 되었어요.

기원전 431년
펠로폰네소스 전쟁 시작

기원전 404년
펠로폰네소스 전쟁 끝남

기원전 371년경
테베, 스파르타를 꺾음

그리스가 분열되었어요

반도는 삼면이 바다인 지형을 가리켜요. 우리나라도 반도예요. 동해, 서해, 남해에 둘러싸여 있잖아요. 그리스 남서부에도 큰 반도가 있는데, 이 반도가 펠로폰네소스 반도예요. 펠로폰네소스 반도의 동남쪽에는 크레타 섬이 있어요. 크레타 문명이 일어난 곳이지요.

펠로폰네소스 반도에는 우리가 잘 아는 폴리스가 있었어요. 바로 스파르타랍니다. 스파르타는 펠로폰네소스 반도에서 가장 강한 폴리스였어요. **스파르타는 강한 군사력을 바탕으로 주변 폴리스들을 모아 동맹을 만들었어요. 이 동맹을 펠로폰네소스 동맹이라 불렀지요.** 펠로폰네소스 동맹의 대장, 즉 큰 형님은 당연히 스파르타였어요.

스파르타는 적이 침입하면 즉시 동맹 회의를 소집했어요. 회의에서 '적과 싸우자!'는 결정이 내려지면 펠로폰네소스 동맹의 폴리스들은 스파르타에 병사를 보내야 했지요. 스파르타 장군이 이 병사들을 총지휘했어요. 펠로폰네소스 동맹에서 차지하는 스파르타의 영향력이 막강했다는 사실을 알 수 있지요.

아테네는 스파르타를 눈엣가시로 여겼어요. 아테네는 그리스의 일인자가 될 자격이 있다고 스스로 생각했거든요. 살라미스 해전을 승리로 이끌었고, 그 결과 페르시아의 지배를 받았던 소아시아의 그리스 식민도시를 해방시켰으며, 자유와 평등의 가치를 드높였으니까요.

하지만 스파르타가 아테네의 앞을 막고 있었어요. 아테네가 그리스의 일인자가 되려면 스파르타와 싸워야 하는데, 그렇게 하려면 펠로폰네소스 동맹 전체와 싸워야 하는 거예요. 그야말로 큰 모험이지요.

스파르타와 상대하는 것도 벅찬데 페르시아도 여전히 싸우기에 힘겨운 상대였어요. 살라미스 해전 이후 페르시아가 대대적으로 침략할 가능성은 적었지만 미래의 일은 모르는 법이지요.

아테네는 스파르타와 페르시아를 한꺼번에 견제할 수 있는 방법을 찾았어요. 아테네도 동맹을 만드는 것이었지요. 아테네는 다른 폴리스들을 설득하기 시작했어요. 언제 다시 페르시아가 침략할지 모른다며 동맹을 맺어 대비하자고 한 거예요. 살라미스 해전이 끝나고 3년이 지난 뒤인 기원전 477년, 아테네의 제안으로 여러 폴리스 대표들이 델로스 섬에 모였어요. 소아시아에 있는 폴리스도 여럿 참가했지요. 이곳에서 **아테네를 중심으로 한 '델로스 동맹'을 맺었어요.** 델로스 섬에서 동맹을 만들었기 때문에 델로스 동맹이라고 불러요. 아테네가 중심이어서 '아테네 동맹'이라고 부르는 사람들도 있지요.

델로스 동맹에 소속된 폴리스들은 군자금을 내놓았어요. 군자금은 전쟁에 쓰기 위한 돈을 가리켜요. 아테네는 페르시아와 전쟁을 하게 되면 써야 한다며 군자금을 거두었어요. 군자금을 보관한 금고는 델로스 섬에 있었지요.

이제 **그리스는 펠로폰네소스 동맹과 델로스 동맹으로 나뉘었어요. 거의 모든 폴리스가 어느 한쪽의 동맹에 가입했어요.** 그렇게 하지 않으면 혼자만 보호를 받지 못하기 때문에 어느 쪽에라도 속해야 했지요. 그런데 끼리끼리 뭉치면 파벌 의식이 생길 테고, 파벌 의식이 강해지면 여러 문제점이 나타나기 시작하지요. 그리스가 그런 상황이었어요. 외부의 적인 페르시아를 물리치고 나니 이제 그리스 폴리스끼리 두 패로 갈라져 싸우기 시작한 거예요. 귀를 기울여 보세요. 그리스 폴리스 사이에 쩍쩍 금이 가는 소리가 들리나요? 눈을 크게 뜨고 보세요. 그리스의 폴리스들이 망할 조짐이 보이나요? 그리스에 전쟁의 기운이 감돌기 시작했어요. 오랜 역사를 자랑하던 그리스의 폴리스들이 무너지려는 걸까요?

다음으로 넘어가기 전에 페르시아 전쟁이 끝난 뒤 아테네의 상황을 알아보아요.

페리클레스가 아테네의 민주 정치를 꽃피웠어요

페르시아 전쟁이 끝나고 몇 년이 흘렀어요. 페리클레스가 아테네의 아르콘에 선출되었지요. **페리클레스는 솔론과 클레이스테네스의 뒤를 이어 민주 정치를 발전시켰고, 아테네를 역사상 가장 강한 폴리스로 만들었어요.**

페리클레스는 귀족 가문 출신이었어요. 그렇지만 평민을 위해 싸웠답니다. 페리클레스는 귀족 회의가 가지고 있던 대부분의 권리를 빼앗아 평민이 이끄는 민회에 넘겼어요. 나아가 평민도 아테네 최고의 권력자인 아르콘에 오를 수 있도록 했어요. 오늘날로 치면 누구나 대통령이 될 수 있도록 길을 활짝 열어 놓은 거예요.

그리스의 폴리스들은 신이 나라를 지켜 준다고 믿었어요. 폴리스마다 섬기는 신은 달랐어요. 아테네의 경우에는 아테나 여신을 섬겼지요. 아테나 여신은 으뜸신인 제우스의 딸로, 전쟁과 지혜의 신이에요. 페리클레스는 아테네 아크로폴리스에 아테나 여신을 위한 신전을 세웠어요. 이 신전은 오늘날까지 남아 있는데, 그리스를 대표하는 유적지로 꼽히고 있지요. 이 신전이 바로 파르테논 신전이랍니다.

페리클레스가 많은 업적을 남기자 아테네 시민은 그를 '아테네 제1시민'이라고 불렀어요. 나아가 **페리클레스를 아테네 민주주의를 완성시킨 인물로 높이 받들었어요.** 하지만 역사가들은 페리클레스를 좋은 정치인으로만 생각하지 않아요. 페리클레스는 권력을 잡기 위해 경쟁자를 모두 없앴고, 죽을 때까지 아테네를 통치하는 장군에 선출되었어요. 독재자나 마찬가지였어요. 이뿐만 아니라 페리클레스는 아테네를 최고의 강대국으로 만들기 위해 수단과 방법을 가리지 않았어요. 무엇보다 델로스 동맹에 속한 폴리스들을 착취하기 시작했어요. 동맹은 평등한 관계를 뜻하지만, 페리클레스는 동맹을 맺은 폴리스들을 속국처럼 대했지요. 속국은 지배를 받는 국가를 가리켜요. 페리클레스는 델로스 섬에 있던 델로스 동맹의 금고도 아테네로 옮겼어요. 델로스 동맹에서 모은 군자금을 독차지한 거지만 다른 폴리스들은 가만히 있었어요. 아테네가 강하니 어쩔 수 없었지요.

아테네가 약한 다른 폴리스들을 억누르고 있어요! 자유와 평등의 가치를 주장하던 아테네가 아니었던가요? 바로 이 때문에 페리클레스를 비판하는 학자들이 있어요. 페리클레스가 아테네를 강대국으로 만들겠다는 생각에 아테네를 황제가 다스리는 '제국'처럼 만들었고, 다른 폴리스를 억누르고 착취했다는 거지요.

델로스 동맹의 금고를 아테네로 옮기고 몇 년이 흐른 뒤, 아테네와

페르시아는 평화 조약을 체결했어요. 평화 조약은 다시는 싸우지 않겠다고 맺은 조약이에요. 이 조약으로 페르시아 전쟁은 완전히 끝이 났지요. 이때가 기원전 448년이에요.

아테네와 페르시아가 맺은 평화 조약으로 델로스 동맹국들은 더 이상 군자금을 낼 필요가 없었어요. 하지만 페리클레스는 동맹국들을 위협해 군자금을 계속 받았어요. 나아가 페리클레스는 동맹국에 아테네 군대를 주둔시키고 정치에 간섭하기도 했어요. 어떤 동맹국으로부터는 화폐를 만들 권리도 빼앗았지요. 나라의 경제권을 다 빼앗은 거예요. 아테네가 정말 표독스럽게 변했지요?

아테네는 이제 스파르타만 없애면 그리스에서 가장 강한 폴리스가 될 수 있었어요. 하지만 스파르타와 전쟁을 벌이는 것은 큰 모험이었어요. 일단 스파르타의 군대가 아주 강했거든요. 펠로폰네소스 동맹국까지 같이 움직일 테니 군대의 힘이 더 강하겠지요. 또 전쟁이 터지면 델로스 동맹에 속한 폴리스 가운데 일부가 아테네로부터 도망쳐 스파르타 편에 붙을 수도 있었어요. 그 정도까지는 아니더라도 반란을 일으키는 폴리스가 있을 수도 있으니까요.

스파르타도 불안하긴 마찬가지였어요. 페르시아 전쟁 이후 아테네가 점점 강해졌기 때문이에요. 그냥 두고 보면 아테네가 스파르타를 제치고 그리스의 최고 강대국으로 올라설지도 모르는 상황이었던 거지요. 결국 **스파르타가 먼저 아테네를 공격했어요.**

펠로폰네소스 전쟁이 터졌어요

아테네는 되도록 육지에서 전투를 피하고, 바다에서 싸웠어요. 두 나라의 전력은 막상막하였어요. 결판이 나지 않았지요. 얼마 뒤에 페리클레스는 스파르타와 휴전 협정을 맺고, 앞으로 30년간 서로 침략하지 않기로 했어요. 이때가 기원전 445년이에요. 하지만 휴전 협정은 그리 오래 가지 못했어요. 아테네는 계속 세력을 넓혀 나갔고, 그럴 때마다 스파르타와 크고 작은 충돌이 일어났거든요. 결국 스파르타와 동맹군이 아테네를 향해 다시 진격했어요. 이렇게 해서 본격적인 펠로폰네소스 전쟁이 시작되었어요. 이때가 기원전 431년이에요. **페리클레스는 아테네의 모든 시민을 성안에 대피시키고 성문을 굳게 걸어 잠갔어요.**

아테네의 성은 아주 단단했어요. 벽은 거대한 절벽이나 마찬가지였지요. 그러니 성을 무너뜨리기가 쉽지 않았어요. 스파르타 병사들은 그 대신 아테네 여기저기를 돌아다니며 불을 지르고 도적질을 일삼았어요. 아테네는 점점 황폐해졌어요. 하지만 페리클레스는 초조해 하지 않았어요. 시간을 충분히 끌면 스파르타가 물러날 거라고 생각했거든요. 성안에는 식량을 비롯해 생활에 필요한 것들을 충분하게 준비해 놓았기 때문에 스파르타가 제풀에 지치기를 기다렸어요.

그사이에 페리클레스는 아테네 함대를 펠로폰네소스 반도로 보내 스파르타를 공격했어요. 기습 공격을 받은 스파르타의 여러 도시는 파괴되었어요. 스파르타가 입은 피해도 꽤나 컸으니 아테네와 스파르타가 서로 승리를 한 번씩 주고받은 셈이 되나요?

　전쟁이 터지고 1년 정도가 지났어요. 어느 날, 갑자기 아테네 성안에서 사람들이 죽기 시작했어요. 전투가 격해져서 그랬을까요? 아니에요. 성안에 전염병이 돈 거예요. 전쟁이 터졌을 때 페리클레스가 성 밖에 살던 시민들을 모두 성안으로 대피시켰잖아요. 그러니 성안의 인구가 크게 늘어났어요. 이에 맞춰 화장실이나 더러운 물을 처리하는 시설을 늘려야 할 텐데 그럴 수는 없었어요. 당연히 성안이 오염물로 넘쳐나고 지저분해졌지요. 이 때문에 전염병이 돌았던 거예요. 전염병에 걸린 수많은 아테네 시민이 목숨을 잃었어요. 아테네의 영웅 페리클레스

도 이때 목숨을 잃었어요.

이제 아테네가 더 이상 버틸 수 없게 되었어요. 페리클레스의 뒤를 이은 지도자가 전쟁을 계속했지만 이미 아테네는 더 이상 싸울 힘이 남아 있지 않았어요. 아테네 시민의 사기는 땅바닥에 떨어졌지요. 이대로 아테네가 패하는 걸까요?

그런데 스파르타도 전쟁을 계속할 수 없는 힘든 상황이었어요. 아테네에 포로로 잡혀 있는 병사들이 있기도 했지요. 결국 **스파르타와 아테네는 전쟁을 시작한 지 10년 만에 전쟁을 끝냈어요.** 엄밀하게 말하면 아테네의 판정패였어요. 스파르타 승리의 1등 공신은 다름 아닌 전염병이었지요. 이때가 기원전 421년이에요.

하지만 이 전쟁은 1차전일 뿐이었어요. 두 나라는 단지 싸움을 멈췄던 거예요. 물론 한동안 아테네와 스파르타는 싸움을 하지 않았어요. 하지만 두 나라의 분위기는 싸늘했어요. 이 긴장감에 다른 폴리스들은 숨이 막혀 죽을 지경이었지요. 아무래도 아테네와 스파르타는 한 하늘 아래에서 같이 살 수 없었던 것 같아요. 아테네와 스파르타의 사이는 갈수록 나빠졌어요. 결국 **평화는 10년을 넘기지 못했어요. 다시 아테네와 스파르타가 맞붙었어요. 2차 펠로폰네소스 전쟁이 터진 거예요.**

이때가 기원전 415년이에요.

스파르타가 그리스에서 가장 강한 폴리스가 되었어요

2차 펠로폰네소스 전쟁은 오늘날의 이탈리아 남쪽에 있는 시칠리아 섬에서 시작되었어요. 이때 시칠리아 섬에는 펠로폰네소스 반도에서 건너온 사람들이 세운 폴리스들이 있었고, 그중 시라쿠사가 가장 강했어요. 시라쿠사가 시칠리아 섬을 전부 차지할 기세였지요. 시칠리아에 있는 다른 폴리스들은 겁을 먹은 나머지 아테네에 도움을 요청했어요. 왜 아테네냐고요? 아테네가 이곳을 관리하고 있었거든요. 아테네는 1차 펠로폰네소스 전쟁 중에도 시칠리아에 요새를 만들었고, 종종 순찰을 돌았지요. 그런데 시라쿠사가 시칠리아 섬을 차지하려고 하니 아테네는 그냥 있을 수가 없었어요.

아테네에서는 알키비아데스가 시칠리아 섬을 정복하자고 주장했어요. 사실 그는 박쥐 같은 정치인이었어요. 하지만 이때까지만 해도 아테네 사람들은 그의 정체를 알지 못했어요. 강력한 아테네를 원하는 시민들은 알키비아데스를 열렬히 지지했어요. 하지만 걱정스러운 눈빛으로 바라보는 정치인도 있었어요. 바로 니키아스였어요. 그는 1차 펠로폰네소스 전쟁 때 스파르타와 휴전을 하도록 아테네 시민들을 설득한 인물이었어요.

니키아스는 아테네가 시칠리아 섬으로 쳐들어가면 스파르타가 가만 있지 않을 것이고, 결국 2차 펠로폰네소스 전쟁으로 이어질 수 있다고 생각했어요. 하지만 많은 아테네 시민이 시라쿠사 원정을 찬성했기 때문에 니키아스는 반대한다는 말도 하지 못했어요.

이런 사정도 모르고 아테네 시민들은 니키아스와 알키비아데스를 시칠리아 원정군의 사령관으로 선출했어요. 반대하는 전투를 지휘하는 사령관과 박쥐 같은 사령관이라……. 이 전투의 결과는 보나마나겠지요?

어쨌든 대규모 원정대가 시칠리아 섬으로 떠났어요. 그런데 이게 웬일일까요? 아테네 군대가 전혀 맥을 못추었어요. 예상했던 것보다 시라쿠사 해군은 강했어요. 스파르타의 지원을 받은 시라쿠사 육군도 아테네보다 강했지요. 아테네는 병사와 군함을 더 보냈지만 소용이 없었어요.

군함은 모두 격파됐고, 병사들은 거의 다 죽었어요. 사령관 니키아스마저 적에게 잡혀 처형되었지요. 시라쿠사 원정은 아테네의 참패로 끝이 난 거예요.

이때 알키비아데스는 스파르타로 넘어갔어요. 그는 시칠리아로 떠나기 전에 아테네 신전에 있는 동상을 부순 적이 있는데, 이 때문에 처벌을 받을까 봐 조국을 버린 거예요. 알키비아데스의 배신으로 스파르타는 아테네 군대의 약점을 잘 알고 아테네를 공격할 수 있었지요.

나중에 알키비아데스는 페르시아로도 넘어간답니다. 알키비아데스는 페르시아를 설득해 스파르타-페르시아 동맹을 맺게 했어요. 알키비아데스의 '활약'이 크지요? 알키비아데스를 박쥐라고 부르는 이유를 이젠 알겠지요? 그런데 페르시아가 왜 펠로폰네소스 전쟁에 끼어들었을까요? 그리스 연합군과 싸운 페르시아가 전쟁에서 패하면서 소아시아에 있는 그리스 식민 도시들을 다 잃었는데, 스파르타가 이 식민 도시들을 다시 지배해도 좋다고 약속했기 때문이었어요.

페르시아는 이 약속을 믿고 스파르타를 도왔어요. 페르시아를 막기 위해 한때는 아테네와 스파르타가 힘을 합쳤는데, 지금은 스파르타가 아테네를 이기기 위해 페르시아를 끌어들인 거예요. 그리스에 대한 배신이 아닐까요?

시칠리아 원정 이후 아테네는 급격하게 약해졌어요. 해군이 완전히 파괴돼 버렸기 때문이에요. 아테네가 약해지자 델로스 동맹국들도 하

나둘 떠났어요. 이제 아테네를 도와줄 폴리스는 없었어요.

기원전 405년에 스파르타는 페르시아의 도움을 받아 대규모 함대를 이끌고 아테네를 공격했어요. 아테네 해군은 스파르타 해군과 맞붙었지만 상대가 되지 않았어요. 스파르타는 곧이어 아테네 성을 공격했지요. 아테네는 성안에서 1년이나 버텼지만 굶주림에 지쳐 무릎을 꿇고 말았어요.

이로써 약 30년에 걸친 펠로폰네소스 전쟁은 막을 내렸답니다. 스파르타 군대가 당당하게 아테네 성으로 들어왔어요. 아테네는 성을 헐어야 했고, 모든 함대를 스파르타에 넘겨줘야 했어요. 이제 **스파르타가 그리스에서 가장 강한 폴리스로 우뚝 서게 되었어요.** 하지만 언제까지 스파르타가 그리스의 일인자로 있을 수는 없었어요.

테베가 스파르타의 뒤를 이어 가장 강한 폴리스가 되었어요

스파르타가 군국주의의 상징이라고 했지요? 아테네에 들어온 **스파르타 군대는 아테네의 민주주의 전통을 다 파괴해 버렸어요.** 이 때문에 많은 역사가는 펠로폰네소스 전쟁 이후 고대 그리스가 멸망의 길을 걸었다고 보고 있어요.

그리스에서 가장 강한 폴리스가 된 스파르타는 다른 폴리스들을 힘으로 다스리려고 했어요. 여러 폴리스가 들고일어났지요. 그중 하나가 그리스 중서부에 있던 테베예요. 테베는 그리스 문명 가운데 하나인 미케네 문명이 발전한 곳이에요. 그리스 신화에 나오는 유명한 '오이디푸스' 이야기도 테베가 배경이에요. 여기서 잠깐, 오이디푸스 이야기를 들려줄게요.

테베에 왕자가 태어났어요. 그런데 이 왕자가 나중에 아버지를 죽이고 어머니와 결혼할 거란 신탁이 나왔어요. 왕은 아기의 복사뼈에 쇠못을 박고는 양치기에게 죽이라고 시켰어요. 그런데 양치기는 차마 아기를 죽일 수 없었어요. 이 양치기는 다른 곳에서 온 양치기에게 아기를 넘겼어요.

아기를 받은 양치기는 자기 나라의 왕에게 아기를 데려갔어요. 그 나라의 왕은 아기를 양자로 삼고, '오이디푸스'라는 이름을 지어 주었지요. 오이디푸스는 '부은 발'이란 뜻이에요.

오이디푸스는 어른이 된 후, 델포이 신전을 찾아갔어요. 그곳에서 자신이 아버지를 죽이고 어머니와 결혼할 것이란 신탁을 들었어요. 자신을 키워 준 왕을 아버지로 알고 있던 오이디푸스는 운명을

75

피하고자 길을 떠났어요. 어느 날 테베로 가는 도중에 한 노인과 싸움이 붙어 그 노인을 죽였어요. 그런데 죽은 노인이 바로 테베의 왕, 즉 오이디푸스의 친아버지였답니다. 물론 오이디푸스는 그 사실을 몰랐지요.

이즈음 테베에는 스핑크스라는 괴물이 나타나 사람들에게 "아침엔 네 발, 점심엔 두 발, 저녁엔 세 발로 걷는 짐승은 무엇이지?"라는 수수께끼를 낸 뒤 풀지 못하면 잡아먹는 일이 생겼어요. 테베의 왕비는 스핑크스를 해치우는 사람과 결혼하겠다고 선언했어요. 오이디푸스가 스핑크스의 수수께끼를 풀었지요. 그러자 스핑크스는 자살했답니다. 수수께끼의 답은? 사람이에요. 왕비는 약속대로 오이디푸스와 결혼했어요. 물론 오이디푸스가 아들이라는 것을 알 리가 없었지요.

오이디푸스가 왕이 된 뒤 오랜 시간이 흘렀어요. 어느 날 테베에 전염병이 돌아 많은 사람이 죽었어요. "전염병을 막으려면 그전의 왕을 죽인 사람을 찾아 복수하라!"는 신탁이 떨어졌어요. 테베에서는 전 왕을 죽인 사람을 찾기 시작했지요. 이 과정에서 모든 게 밝혀졌어요. 아들의 부인이 된 어머니는 목을 매 죽었고, 오이디푸스는 제 눈을 찔렀어요. 장님이 된 오이디푸스는 죄를 뉘우치겠다며 먼 여행을 떠났어요.

이 슬픈 이야기에서 심리학자가 힌트를 얻어 '오이디푸스 콤플렉스'란 말을 만들었어요. 무의식적으로 아버지를 멀리하고, 어머니를 더 가까이하는 아들의 심리가 바로 오이디푸스 콤플렉스랍니다.

자, 이제 현실로 돌아와서 이야기를 이어 볼까요?

테베는 펠로폰네소스 전쟁 때 스파르타의 편을 들었어요. 하지만 스파르타는 오히려 테베를 지배하려고 했어요. 테베는 불만이 많았지만 참을 수밖에 없었어요. **테베는 묵묵히 군대를 육성하고, 새로운 군사 기술을 도입하면서 힘을 길렀어요.**

기원전 371년 무렵에 테베가 반란을 일으켰어요. 스파르타는 코웃음을 쳤지요. 그런데 이변이 일어났어요. 테베가 스파르타를 꺾은 거예요. 테베는 나아가 다른 폴리스와 힘을 합쳐 스파르타를 정복하려고 했지요. 비록 뜻을 이루지는 못했지만, 이제 **테베는 그리스에서 가장 강한 폴리스가 되었어요.**

지금까지의 이야기를 다시 정리해 볼까요? 페르시아 전쟁에서 힘을 모아 페르시아를 물리친 그리스는 곧 아테네를 중심으로 한 델로스 동맹과 스파르타를 중심으로 한 펠로폰네소스 동맹으로 나뉘어 펠로폰네소스 전쟁을 벌였어요. 스파르타가 승리한 후 그리스 민주주의 전통이 무너졌어요. 얼마 뒤 유서 깊은 폴리스인 테베가 스파르타를 꺾어 가장 강한 폴리스가 되었지요.

테베는 10여 년간 그리스의 일인자였어요. 하지만 기원전 4세기 후반, 새로운 폴리스에 그리스 일인자 자리를 내줘야 했어요. 그 폴리스가 바로 그리스 북쪽에 있는 마케도니아예요.

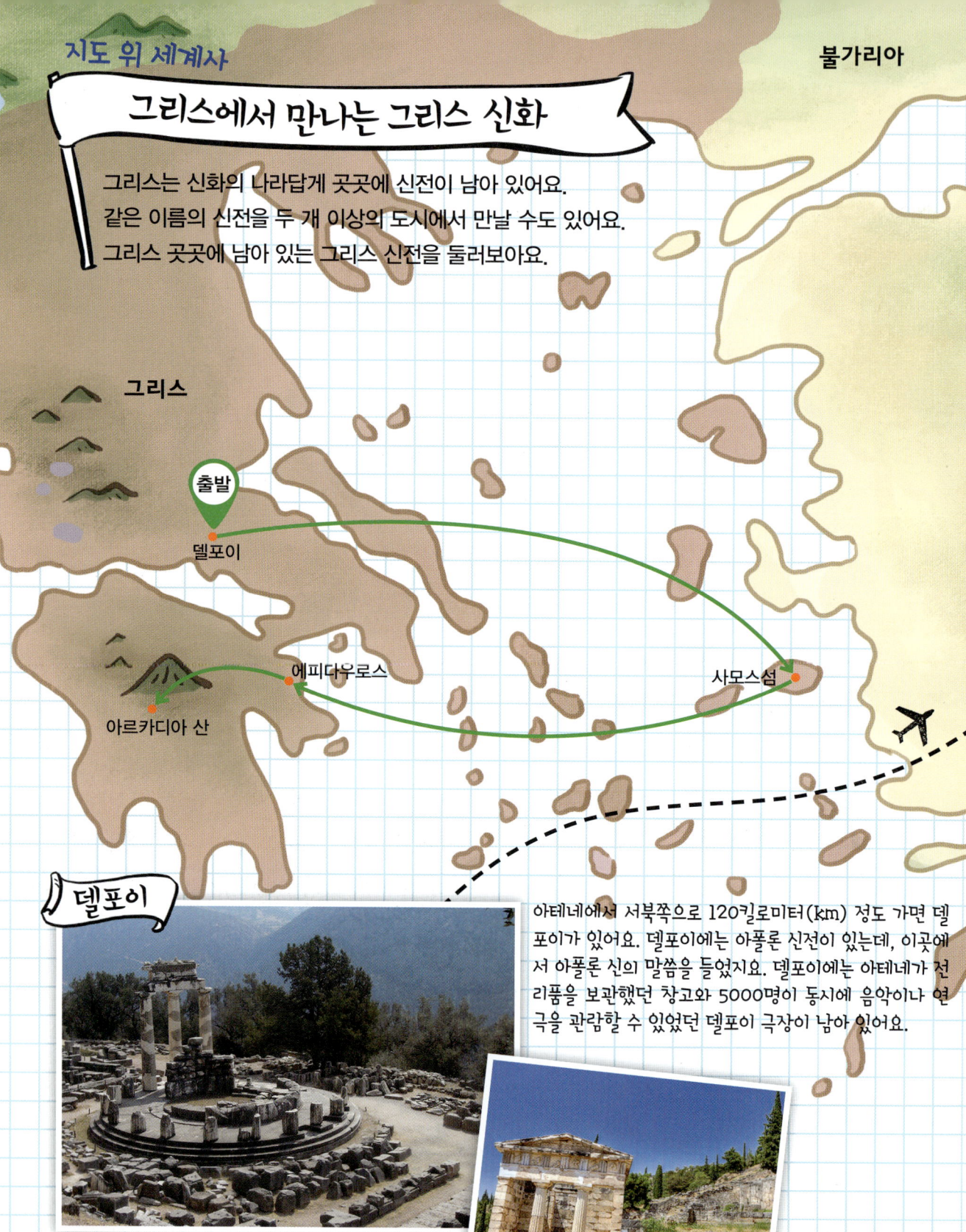

사모스 섬

사모스 섬은 터키와 아주 가까워요. 수학자 피타고라스가 태어난 곳이지요. 원래 아테네 파르테논 신전보다 4배가 큰 헤라 신전이 있었는데, 지금은 기둥 하나만 남았어요.

헤라 신전 터

에피다우로스 원형 극장

아스클레피오스 신전 터

터키

에피다우로스

펠로폰네소스 반도 북동 해안에 있어요. 아폴론의 아들이자 의술의 신인 아스클레피오스를 섬기는 신전이 있었어요. 이것 말고도 여러 신전이 있으며 1만 5000여 명이 한 번에 들어갈 수 있는 원형 극장도 있지요.

아르카디아 산

펠로폰네소스 반도에 있어요. 아르카디아 산에는 아폴론 신전이 있어요. 이 지역 주민들이 전염병에 걸렸는데 치유의 신인 아폴론의 도움으로 병이 낫자 보답으로 지어서 바친 거지요. 지진으로 파괴됐다가 복원되었어요.

아폴론 신전

기원전 334년
알렉산드로스 대왕 동방 원정 시작

기원전 336년
알렉산드로스 대왕 즉위

기원전 334년
알렉산드로스 대왕,
동방 원정 시작

기원전 333년
알렉산드로스 대왕,
이소스 전투

4장
세계 제국을 건설한 알렉산드로스!

스파르타를 꺾은 테베가 그리스의 일인자였을 때
마케도니아는 그리스 북쪽에 있는 작은 나라에 불과했어요.
그리스 폴리스들은 마케도니아를 인정하지도 않았어요.
북쪽에 있는 야만인으로 여겼던 거예요.
마케도니아의 필리포스 2세는 젊은 시절,
테베에 인질로 잡혀 있었어요. 그때 필리포스 2세는 스파르타를
꺾은 테베의 군사 전술을 눈여겨봤어요.
필리포스 2세는 고국으로 돌아와 왕이 된 뒤 테베를 꺾었고,
마케도니아를 그리스에서 가장 강한 폴리스로 만들었어요.
이 필리포스 2세의 아들이 누구인지 아나요?
바로 세계를 정복한 알렉산드로스 대왕이에요.
이제부터 알렉산드로스 대왕 이야기를 할 거예요.

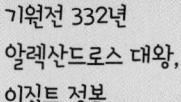
기원전 332년
알렉산드로스 대왕,
이집트 정복

기원전 330년
알렉산드로스 대왕,
페르시아 제국 정복

기원전 323년
알렉산드로스 대왕 사망

알렉산드로스는
마케도니아 필리포스 2세의 아들이에요

알렉산드로스는 세계 역사를 통틀어 몇 손가락에 꼽힐 만큼 뛰어난 정복자예요. 아주 짧은 시간에 그리스, 북아프리카, 서아시아 전 지역을 차지했지요. 알렉산드로스와 겨룰 수 있는 정복자라면 약 1500년 뒤에 등장하는 몽골의 칭기즈칸 정도겠지요. 알렉산드로스는 세계를 뒤흔든 영웅답게 탄생에 얽힌 재미난 이야기도 있어요.

알렉산드로스가 태어나기 전 어느 날이었어요. 마케도니아의 왕비가 꿈을 꾸었어요. 번개가 "콰르릉!" 하고 그녀에게 내리치는 꿈이었어요. 이 꿈을 꾸고 얼마 지나지 않아서 왕비는 알렉산드로스를 임신했지요. 왕비는 꿈속에 나타난 번개가 제우스라고 믿었어요. 그래서 알렉산드로스를 낳은 뒤에 "이 아이는 제우스의 아들이다!"라고 주장했어요.

이 이야기가 사실이라고 보기는 어려워요. 알렉산드로스가 위대한 대왕이 된 후에 신의 아들로 받들기 위해 만들어 낸 이야기일 수도 있어요. 영웅이 되려면 지혜로움을 갖추고 도전 정신이 있어야겠지요? 다음 이야기는 알렉산드로스의 자질을 잘 보여 주어요.

알렉산드로스가 열두 살 때, 말을 파는 상인이 마케도니아에 왔어요. 그 상인은 왕에게 아주 잘생긴 말을 보여 주었어요. 근육은 우람했고, 피부는 탄력이 있었어요. 빛깔도 탐스러웠지요. 하지만 말이 너무 거칠었어요. 사람의 손만 닿아도 펄쩍펄쩍 뛰었지요. 아무리 뛰어난 말이라고 해도 사람이 탈 수 없으면 소용이 없지요. 결국 왕도 말을 포기할 수밖에 없었어요. 바로 그때 알렉산드로스가 나섰어요.

"제가 말을 길들여 보겠습니다."

고작 해야 열두 살짜리 아이가 사나운 말을 길들이겠다니 모두 어이없는 표정이었어요. 왕도 알렉산드로스를 말렸어요. 하지만 알렉산드로스는 물러서지 않았어요. 왕은 하는 수 없이 알렉산드로스에게 말고삐를 넘겨주라고 했어요. 아니나 다를까 알렉산드로스가 말고삐를 잡자 말이 펄쩍펄쩍 뛰기 시작했어요. 알렉산드로스는 서두르지 않고, 천천히 말고삐를 당겼어요. 그랬더니 사납던 말이 눈에 띄게 얌전해졌어요. 알렉산드로스가 갈기를 쓸어내리거나 목을 만져도 말은 가만히 있었어요. 말이 얌전해지자 알렉산드로스가 말에 올라탔어요.

왕은 사나운 말을 길들인 아들이 뿌듯했어요. "왕자가 영웅의 기질을 타고 났다."며 껄껄 웃었지요. 왕은 그 말을 사서 알렉산드로스에게 주었어요. 그러고는 말을 길들인 비결을 물었지요. 알렉산드로스는 대수롭지 않다는 듯 말했어요.

"태양이요. 말이 날뛴 건 태양 때문이었어요."

말이 태양에 등져 있었던 거예요. 햇빛에 만들어진 자기 그림자를 보고 겁을 먹은 거지요. 알렉산드로스는 말이 태양을 마주 보도록 위치를 바꿔 주고, 갈기를 쓰다듬고, 목을 어루만지면서 말이 안정을 찾도록 도와주었던 거예요. 그 뒤로 이 말은 알렉산드로스와 늘 함께했답니다. 이 말의 이름은 부케팔로스였어요.

알렉산드로스의 지혜로움이 느껴지나요? 알렉산드로스가 이처럼 지혜로운 것은 그의 스승 덕분일 거예요. 알렉산드로스의 스승은 유명한 철학자 아리스토텔레스랍니다. 스승의 영향으로 알렉산드로스는 철학자들을 존경했어요.

알렉산드로스가 정치를 시작한 건 열여섯 살 때부터였어요. 알렉산드로스의 아버지 필리포스 2세는 다른 폴리스를 정복하려고 마케도니아를 자주 비웠어요. 그래서 나라를 비운 왕을 대신해 왕자인 알렉산드로스가 나라를 다스렸어요. 오늘날의 불가리아 지방에서 일어난 반란을 진압하기도 했어요. 이때 이미 알렉산드로스는 군대를 통솔하는 뛰어난 능력을 보여 주었어요.

아버지 **필리포스 2세는 그리스 북쪽에 있던 작은 왕국에 불과하던 마케도니아를 그리스에서 가장 강한 폴리스로 만들었어요.** 필리포스 2세는 페르시아를 정벌하고 싶어 했어요. 하지만 그전에 그리스 폴리스들을 설득해야 했지요.

다른 그리스 폴리스들은 마케도니아를 무시했어요. 특히 자존심이 강한 아테네는 '마케도니아 사람들은 싸움만 할 줄 아는 야만인이다'라며 멸시했지요. 결국 아테네는 폴리스들을 부추겨 반란을 일으키도록 했어요. 마케도니아에 그리스 일인자 자리를 뺏긴 테베도 반란에 가담했지요. 하지만 반란을 일으킨 폴리스들은 마케도니아의 상대가 되지 못했어요. 폴리스들은 마케도니아가 얼마나 강한지를 깨달았어요. 결국 대부분의 폴리스들이 마케도니아에 무릎을 꿇었지요.

필리포스 2세는 페르시아를 정복하자고 다른 폴리스를 설득했어요. 하지만 필리포스 2세는 페르시아 원정의 꿈을 이룰 수 없었어요. 마케도니아의 젊은 귀족에게 목숨을 잃었거든요.

알렉산드로스의 시대가 열렸어요

필리포스 2세의 뒤를 이어 스무 살의 알렉산드로스가 왕위에 올랐어요. 이때가 기원전 336년 여름이었어요. 스무 살이면 왕으로서는 어린

나이예요. 그리스 사람들도 그렇게 생각했는지 알렉산드로스를 만만하게 봤어요. 또 다시 여러 폴리스가 슬금슬금 마케도니아에 저항하기 시작했지요. 알렉산드로스는 본때를 보여 주기로 했어요. 가장 강하게 저항한 테베를 본보기로 삼았어요. **알렉산드로스는 테베를 완전히 짓밟았고, 테베 백성을 노예로 삼았어요.** 모두 젊은 왕의 무시무시함에 질겁했어요. 테베를 부추겼던 아테네도 하얗게 질렸지요.

알렉산드로스가 군대를 이끌고 펠로폰네소스 반도 북쪽에 있는 코린토스라는 곳에 도착했을 때였어요. 코린토스에는 철학자 디오게네스가 있었어요. 알렉산드로스는 철학자를 존경했어요. 테베를 파괴할 때도 철학자는 건드리지 않았을 정도였어요. 그러니 코린토스에 사는 유명한 철학자인 디오게네스를 꼭 만나고 싶어 했어요. 두 사람의 만남에 대한 이야기를 들려줄게요.

알렉산드로스가 디오게네스를 찾아갔어요. 디오게네스는 눈을 감은 채 따스한 햇볕을 쬐고 있었지요. 알렉산드로스는 그런 디오게네스를 물끄러미 쳐다보다가 말했어요.
"철학자여! 그대가 원하는 게 뭔가? 내가 그대의 소원을 모두 들어주겠다."
디오게네스는 알렉산드로스를 힐끔 쳐다보고는 귀찮다는 듯이 말했어요.
"진심이오? 그렇다면 옆으로 비켜 주시오. 지금 당신이 햇볕을 가로

막고 있소이다. 나는 햇볕을 쬐고 싶소. 그게 소원이오."
알렉산드로스는 멍한 표정으로 디오게네스를 바라보았어요.
"내가 알렉산드로스가 아니라면 디오게네스가 되고 싶구나."
알렉산드로스는 권력 앞에서 당당한 철학자가 존경스러웠어요. 그러니 조용히 물러나는 수밖에 없었지요.

알렉산드로스가 철학자들을 얼마나 존경했는지 알 수 있는 이야기예요. 알렉산드로스의 스승이 누군지 기억하고 있나요? 맞아요. 그리스에서 가장 위대한 철학자 가운데 한 명으로 꼽히는 아리스토텔레스예요. 위대한 스승을 둔 알렉산드로스가 철학자를 존경하는 마음을 갖는 건 어쩌면 당연해요.

알렉산드로스는 코린토스에서 그리스 총사령관에 올랐어요. 이때가 기원전 335년 가을이었지요. 알렉산드로스는 페르시아 정벌을 준비했어요. 알렉산드로스는 간절하게 승리를 원했어요. **병사들의 사기를 올리기 위해서 자신의 모든 재산을 나눠 주었지요.** 페르시아를 차지하면 세상을 얻는 것과 같았으니까요. 알렉산드로스가 이끄는 부대의 규모는 어마어마했어요. 대략 병사만 4만 명이 넘었어요. 이뿐만이 아니었어요. 과학자와 건축가, 행정 담당 관리들도 함께 원정대를 꾸렸어요. 이 정도면 나라 하나를 뚝딱 만들 수 있는 규모예요. 알렉산드로스는 페르시아에 그리스 제국을 세우고, 그곳에서 세계를 통치하고 싶었지요.

해가 바뀌고 기원전 334년 봄이 되었어요. 드디어 진격의 나팔이 울렸어요. 자, 이제 그리스 동쪽에 있는 나라들을 정복하러 떠나는 알렉산드로스의 동방 원정을 따라가 볼까요?

페르시아를 정복하러 떠났어요

알렉산드로스의 군대는 마케도니아를 떠나 헬레스폰트 해협에 도착했어요. 헬레스폰트는 그리스로 들어가는 문, 즉 '그리스의 문호'란 뜻이에요. 이 해협은 오늘날의 다르다넬스 해협으로, 유럽과 아시아를 나누는 경계랍니다. 헬레스폰트 해협을 건너면 오늘날의 터키가 있는 소아시아예요. 이곳에 있는 그라니코스 강에서 첫 전투가 벌어졌어요.

강 이쪽에는 그리스 군대가, 건너편에는 페르시아 군대가 진을 치고 있었어요. 해가 뉘엿뉘엿 기울고 있었지요. 알렉산드로스는 태양을 등지고 있는 지금이 싸우기 좋은 때라며 총공격 명령을 내렸어요. 치열한 전투가 벌어졌어요. 알렉산드로스도 하마터면 목숨을 잃을 뻔했지요. 하지만 결과는 그리스의 승리였어요. 페르시아는 수많은 병사를 잃고 도망쳤지요. 이 전투를 '그라니코스 강의 전투'라고 해요.

그라니코스 강의 전투 이후 알렉산드로스의 이름이 소아시아 전체로 퍼졌어요. 몇몇 나라는 알렉산드로스의 군대에 맞서 싸우기도 했지만, 대부분의 나라는 알렉산드로스 군대가 오기도 전에 항복했지요. 알렉산드로스의 군대는 승승장구하며 행진을 계속했어요.

해가 바뀌어 기원전 333년 2월, 알렉산드로스 군대는 소아시아 프리기아 왕국의 수도 고르디온에 도착했어요. 이때 생긴 유명한 이야기가 있어요.

> 고르디온에는 신전 기둥에 매어 있는 전차가 있었어요. 그런데 전차를 맨 매듭이 너무 복잡해 지금껏 그 누구도 풀지 못했어요.
> 신전의 신관은 "매듭을 푸는 사람이 아시아 전체를 지배하게 될 거라는 신탁이 전해 내려오고 있습니다."라고 말했어요.
> 그 이야기를 들은 알렉산드로스는 칼을 꺼내 들더니 매듭을 잘라

버렸지요. 그러고는 "내가 매듭을 풀었다. 그러니 내가 아시아의 제왕이 될 것이다."라고 외쳤어요.

이 일화를 '고르디온의 매듭'이라고 해요. 정해진 방법이 아닌, 새로운 방식으로 문제를 해결할 때나 너무 복잡하고 어려운 문제를 단박에 해결할 때도 '고르디온의 매듭을 풀었다'라는 말을 써요. 어쨌든 알렉산드로스는 고르디온의 매듭을 풀었고, 결국 신탁대로 아시아를 지배하는 왕이 되었어요.

알렉산드로스에 대한 또 다른 이야기도 전해요. 알렉산드로스는 페르시아 원정을 하면서 열병이 걸린 적이 있었어요. 이 이야기를 통해 알렉산드로스가 어떻게 사람들의 마음을 얻었는지 들려줄게요.

어느 날, 알렉산드로스는 더위를 식히기 위해 차가운 강물로 뛰어들었어요. 그런데 그날 밤부터 알렉산드로스는 높은 열에 시달렸어요. 열병은 날이 갈수록 심해졌어요. 이런저런 약을 다 써 봤지만 소용이 없었어요. 단 한 명의 의사만이 왕을 구하겠다고 나섰어요. 알렉산드로스는 그 의사를 믿고 몸을 맡겼어요. 그런데 의사가 약을 지으려고 잠시 자리를 비웠을 때 편지 한 통이 알렉산드로스에게 전달되었어요. 편지에는 '의사는 페르시아의 첩자입니다. 그가 준 약에는 독이 들어 있습니다. 절대 약을 먹어서는 안 됩니다.'라는 내용이 적혀 있었어요.

의사가 약을 가지고 들어왔어요. 알렉산드로스는 약그릇을 받은 뒤, 편지를 의사에게 건네주었어요. 그러고는 약을 먹었지요. 알렉산드로스는 편지보다는 의사를 믿었던 거예요.

그 뒤 알렉산드로스는 며칠간 정신을 잃었다가 병을 이겨 냈어요. 그제야 의사는 마음을 놓았어요. 만약 알렉산드로스가 죽었다면 의사는 독약으로 왕을 죽인 반역자로 몰릴 뻔했지요.

알렉산드로스는 자기 부하를 철저하게 믿었어요. 만약 알렉산드로스가 엉터리 편지를 믿었다면 상황이 어떻게 달라졌을까요? 우선 의사는 당장 처형됐을 거예요. 그렇게 되면 알렉산드로스도 병을 고치지 못해

죽음을 맞았을 수도 있어요. 결국 알렉산드로스의 믿음이 자신의 목숨을 구한 셈이지요. 이처럼 알렉산드로스는 부하들을 아끼고 사랑했어요. 원정을 떠나기 전에 부하들에게 전 재산을 나눠 주었던 것을 기억하지요? 부하를 아끼고 믿었기 때문에 알렉산드로스가 오랫동안 정복 전쟁을 할 수 있었던 거예요.

마침내 페르시아를 무너뜨렸어요

기원전 333년에 이소스 전투가 벌어졌어요. 이번에는 페르시아 왕 다리우스 3세가 직접 군대를 지휘했어요. 페르시아는 병사 수도 훨씬 많았고, 전차 부대도 가

지고 있었어요. 하지만 알렉산드로스는 쏟아지는 화살을 피하지 않고 전차 부대를 향해 돌격했어요. 먼저 다리우스 3세를 호위하고 있는 장수들을 쓰러뜨리고는 바로 다리우스 3세를 향해 달려갔어요. **다리우스 3세는 뒤도 돌아보지 않고 달아났지요.** 왕이 도망갔으니 결과는 뻔해요. 그리스의 대승! 다리우스 3세는 정말 다급했나 봐요. 가족까지 버리고 도망을 갔답니다. 하지만 알렉산드로스는 그의 가족을 극진

하게 대접했어요.

　알렉산드로스의 다음 목표는 페르시아의 지배를 받는 이집트였어요. 알렉산드로스 군대는 소아시아를 따라 쭉 내려가면서 여러 나라를 정복했어요. 저항하는 나라는 철저하게 짓밟았어요. 가령 티루스라는 나라에서는 1만 명을 죽이고, 3만 명을 노예로 만들어 버렸답니다. 무시무시하죠?

　기원전 332년이 거의 끝날 무렵, 알렉산드로스의 군대가 이집트에 도착했어요. **이집트는 싸우지 않고 알렉산드로스 군대를 맞아들였답**

니다. 이집트는 고대 문명의 발상지이자, 찬란한 문화유산이 고스란히 남아 있는 곳이에요. 그리스 인들에게는 '마음의 고향' 같은 곳이었지요. 그래서였을까요? 원래 알렉산드로스는 정복 지역에 총독을 임명하거나 그 나라의 왕을 그대로 인정했었어요. 하지만 이집트에서는 자신이 직접 왕, 즉 파라오에 올랐답니다.

알렉산드로스는 정복한 땅에 그리스식의 도시를 세우고 자신의 이름을 따서 '알렉산드리아'란 도시를 건설했어요. 이집트에도 알렉산드리아를 세웠는데, 곧 국제도시로 성장했어요. 현재도 알렉산드리아는 이집트의 주요 도시 중 하나예요.

기원전 331년 여름, 알렉산드로스의 군대가 다리우스 3세가 있는 페르시아 동부로 향했어요. 군대는 이윽고 메소포타미아 문명이 싹텄던

티그리스 강에 이르렀어요. 티그리스 강 주변의 가우가멜라 평원에서 두 나라의 운명을 건 전투가 치러졌어요. 이번에도 페르시아가 졌지요. 다리우스 3세는 다시 달아났어요. 이 전쟁이 가우가멜라 전투예요. **가우가멜라 전투의 패배로 아케메네스 왕조 페르시아는 거의 멸망한 것과 다름없었어요.** 다리우스 3세는 도망치기에 급급했고, 그리스 군대는 느긋하게 추격했어요.

알렉산드로스는 얼마 뒤 신바빌로니아의 수도 바빌론에 들어갔어요. 바빌론 백성들은 성문을 활짝 열고 알렉산드로스를 맞이했지요. 그들은 '알렉산드로스 대왕이 페르시아로부터 우리를 해방시켰다!'며 만세를 불렀어요. 알렉산드로스는 얼마 뒤 페르시아의 제2수도인 수사에 도착했어요. 이곳에 있던 다리우스 3세는 또 다시 달아났어요. 알렉산드로스는 다리우스 3세를 쫓아 아케메네스 왕조 페르시아의 수도인 페르세폴리스로 들어갔어요.

페르세폴리스에서 다리우스 3세의 궁전을 본 알렉산드로스는 궁전의 화려함과 거대함에 크게 놀랐어요. 알렉산드로스는 동방 세계의 왕과 그리스 왕이 많이 다르다는 걸 깨달았어요. 어쩌면 동방 세계의 왕이 부러웠을 거예요. 그래서였을까요? 페르시아 궁전에 머물면서부터 알렉산드로스는 페르시아 왕처럼 행동했어요.

어느 날, 페르시아 궁전에서 잔치가 벌어졌어요. 알렉산드로스와 장군들은 모두 술에 취했어요. 그들은 술을 먹고서 페르시아의 궁전을 불태워 버렸어요. 알렉산드로스는 나중에 어리석은 행동을 했다며 궁전을 불태운 것을 후회했다고 해요. 안 그랬다면 오늘날 우리는 화려한 페르시아 궁전을 볼 수 있었겠지요.

다리우스 3세는 어떻게 됐을까요? 신하가 반란을 일으켜 목숨을 잃었답니다. 다리우스 3세가 죽으면서 아케메네스 왕조 페르시아가 역사 속으로 사라졌어요. 이때가 기원전 330년이에요.

아버지 필리포스 2세의 소원이던 페르시아 정복에 성공했으니 3년에 걸친 동방 원정을 끝낼 때가 되었어요. 그리스 병사들은 고향으로 돌아갈 수 있다는 생각에 모두 만세를 불렀어요. 하지만 **알렉산드로스는 더 동쪽으로 가고 싶었어요. 그곳에는 아직도 정복해야 할 나라들이 많이 남아 있었거든요.**

알렉산드로스가 세계 제국을 건설했어요

페르시아 원정을 끝낸 알렉산드로스는 병사들을 모아 놓고 이렇게 말했어요.

"아직도 남아 있는 페르시아 무리들이 동쪽의 박트리아라는 곳으로 달아났다. 그들을 마저 잡아 없애야 페르시아가 다시는 일어서지 못할 것이다. 그들을 잡으러 동쪽으로 행군을 계속한다!"

박트리아는 서아시아와 중앙아시아의 경계에 있던 나라였어요. 얼마 뒤 **알렉산드로스의 군대는 박트리아와 그 주변 왕국들을 모두 정복했어요.** 어느덧 알렉산드로스는 중앙아시아 근처까지 정복한 거예요.

이제 그리스 병사들은 홀가분하게 고향으로 돌아갈 수 있었을까요? 이번에도 아니었어요. 알렉산드로스가 중앙아시아를 넘어 인도로 가고 싶어 했기 때문이지요.

알렉산드로스의 다음 목표는 인도였어요. 알렉산드로스는 인도를 정복하면 세상의 끝에 도달한 거라고 생각했어요. 세계의 끝까지 가면 전 세계를 정복한 것이 되니까요. 기원전 327년에 알렉산드로스의 군대는 인도로 진격했어요. 1년 뒤에는 인더스 문명이 탄생한 인더스 강을 건넜지요. 인도의 왕은 코끼리 부대를 이끌고 알렉산드로스와 격렬하게 싸웠지만 결국 알렉산드로스에게 지고 말았어요. **인더스 강 일대도 알렉산드로스의 차지가 되었지요.** 하지만 알렉산드로스는 계속 동쪽으로 가고 싶었어요. 알렉산드로스는 병사들에게 동쪽으로 가자고 명령을 내렸어요.

그런데 이번에는 병사들이 말을 듣지 않았어요. 심지어 장군들까지 입을 비죽 내밀고 명령을 듣지 않았어요. 하기는 그럴 법도 해요. 그리스를 떠난 지 어느덧 8년이나 됐으니까요. 병사들은 너무나 지쳐 있었어요. 더구나 장마철이었어요. 전염병도 돌고 있었어요. 병사들은 하루 빨리 가족의 품으로 돌아가고 싶었어요. 그들에겐 세계 정복보다 가족의 얼굴을 보는 것이 더 절실했어요. 알렉산드로스가 원정을 고집하면 반란을 일으킬 기세였어요. 하는 수 없이 알렉산드로스는 오던 길을 되돌아 고향으로 돌아가기로 했어요.

군대가 바빌론에 이르렀을 때 알렉산드로스가 잔치를 열었어요. 그동안 고생한 병사들을 위로하려는 뜻이었지요. 사실 알렉산드로스는 오던 길을 그대로 되돌아갈 생각이 없었어요. 아프리카 북부를 거쳐 지브롤터 해협을 지나 오늘날의 에스파냐와 이탈리아를 휩쓴 후 그리스로 돌아가려고 했답니다.

하지만 알렉산드로스는 꿈을 이루지 못했어요. 갑자기 열이 나더니 곧 의식을 잃었지요. 그렇게 10일 넘게 병과 싸웠어요. 결국 알렉산드로스는 열병을 이기지 못하고 세상을 떠났답니다. 이때가 기원전 323년 6월, 서른셋이라는 젊은 나이였어요.

알렉산드로스가 왕으로 있던 기간은 13년이에요. 그동안 그리스를 넘어 이집트, 소아시아, 서아시아를 정복했지요. 중앙아시아와 인도에도 진출했어요. 무려 2만 킬로미터(km)가 넘는 대원정이었어요. 알렉산드로스는 동방 원정을 통해 실로 광대한 제국을 만들었어요. **알렉산드로스가 만든 광대한 제국을 '헬레니즘 제국'이라고 부르지요.**

알렉산드로스는 후계자를 정하지 않았어요. 다만 죽기 전에 '가장 강한 자에게……'라는 유언을 남겼다고 해요. 이 때문에 몇 명의 장군들이 서로 다투었고, 그 후 **헬레니즘 제국은 세 개의 왕국으로 쪼개졌지요. 마케도니아와 그리스 본토에는 안티고노스 왕국이, 이집트에는 프톨레마이오스 왕국이, 소아시아와 서아시아에는 셀레우코스 왕국이 들어섰어요.**

이 세 나라는 모두 그리스 장군들이 세운 왕국이에요. 그래서 그리스 문화가 널리 유행했어요. 하지만 그 지역의 문화도 남아 있었지요. 결국 두 문화가 어우러지면서 새로운 세계 문화가 탄생했어요. 이것이 바로 '헬레니즘'이랍니다.

이제 이 헬레니즘에 대해 살펴볼 거예요. 헬레니즘은 전 세계에 영향을 끼친 상당히 중요한 문화랍니다. 그러니 꼭 알아 두어야 해요.

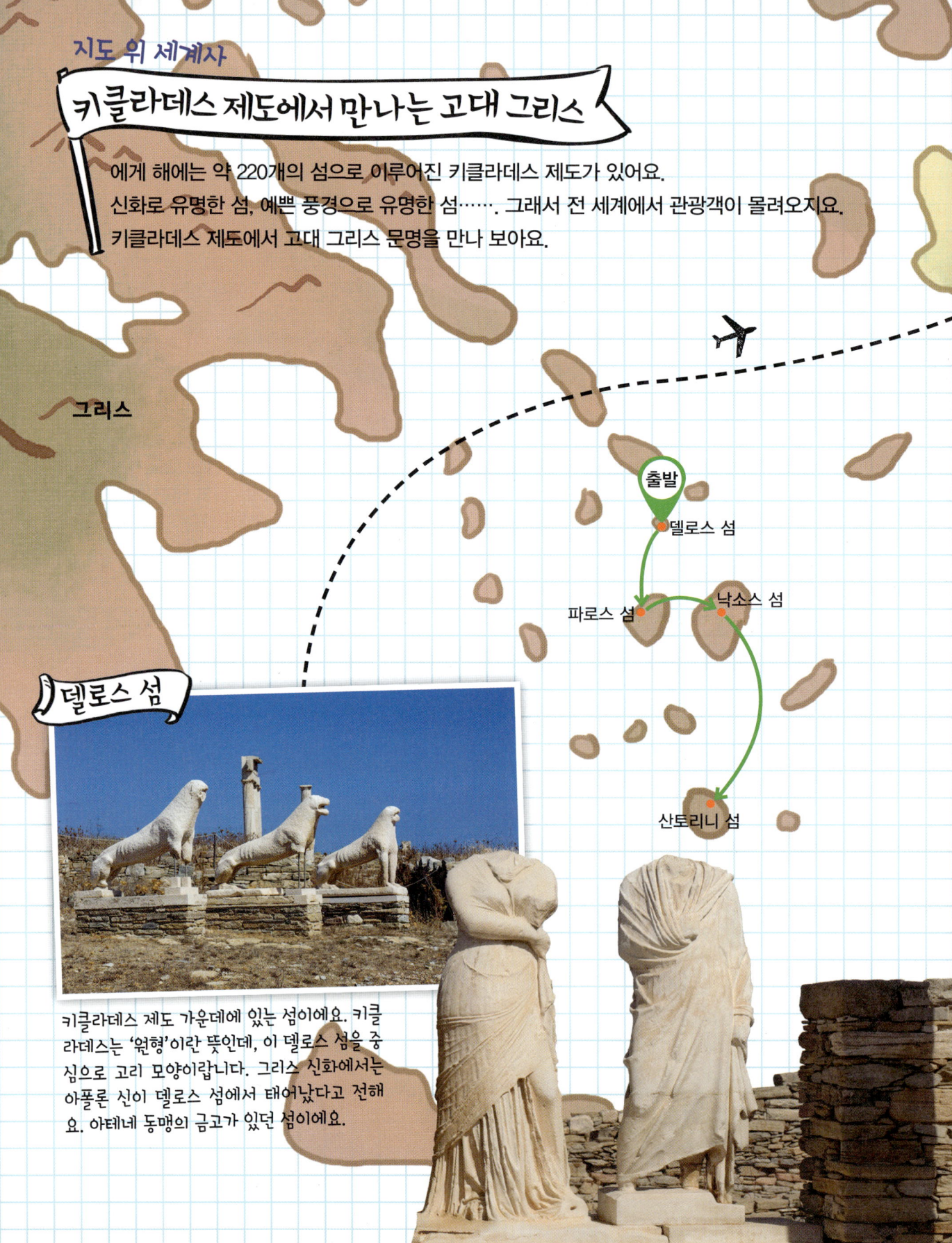

파로스 섬

키클라데스 제도에서 낙소스 다음으로 큰 섬이에요. 페르시아 전쟁 때에는 페르시아 쪽에 가담하였으나 나중에는 델로스 동맹 편에 섰어요.

데메테르 신전

낙소스 섬

키클라데스 제도에서 가장 큰 섬이에요. 미궁 속에 갇힌 괴물 미노타우로스를 없앤 아테네의 테세우스가 자신을 도와 준 아리아드네를 두고 갔던 섬이에요. 디오니소스 신전, 아폴론 신전, 데메테르 신전 등이 있어요.

아폴론 신전

산토리니 섬

키클라데스 제도 남쪽 끝에 있어요. 고대 문명의 흔적이 많이 남아 있는 고풍스러운 마을이에요. 도리스 인의 유적인 고대 타라도 볼 수 있지요. 산토리니 섬은 아름다운 경치로도 유명해요.

기원전 100년경
간다라 미술 시작

기원전 320년경
인도, 마우리아 왕조 시작

기원전 320년경
인도, 마우리아 왕조 시작

기원전 273년
인도, 아소카 왕 즉위

5장 헬레니즘 문화, 세계로 퍼지다

알렉산드로스가 아시리아와 아케메네스 왕조 페르시아의
뒤를 이어 오리엔트의 새 주인이 되었어요. 알렉산드로스는
그리스와 오리엔트 문화를 융합시켰어요. 이 문화가 바로
헬레니즘 문화예요. '헬레니즘 문화 = 그리스 문화 + 오리엔트 문화'라고 생각하면
크게 틀리지 않아요. 헬레니즘 문화는 알렉산드로스가 죽은 뒤에도 발전하다가
로마가 그리스와 오리엔트 지역을 정복하면서 끝나게 되지요.
약 300년간이나 지속됐던 헬레니즘 문화는 세계 전체를 바꿔 놓았어요.
세계사에서 갖는 의미가 상당히 크지요.
그 의미를 찾으러 헬레니즘 세계로 떠나 볼까요?

기원전 100년경
간다라 미술 시작

751년경
통일 신라, 석굴암 건립

알렉산드로스가 헬레니즘 문화를 퍼뜨렸어요

　페르시아에서 왕의 권력은 하늘을 찔렀어요. 왕이 모든 것을 마음대로 할 수 있었지요. 이런 제도를 '전제 군주제'라고 해요. 알렉산드로스는 그리스의 민주 정치보다 전제 군주제를 더 좋아했어요. 페르시아 왕의 옷을 입었고, 페르시아 왕실 예법을 따랐지요. 페르시아에서는 신하들이 왕을 만나려면 이마가 땅에 닿게 절을 해야 했어요. 평등한 곳에서 나고 자란 그리스 사람들은 이 예법을 상당히 싫어했어요. 하지만 알렉산드로스는 이 예법을 좋아했고, 부하들에게 따르도록 했어요.

　이뿐만 아니라 알렉산드로스는 페르시아 사람들에게 관직을 주었어요. 높은 자리에 오르는 페르시아 사람도 있었지요. 그래서 부하들은 알렉산드로스를 못마땅하게 여기기도 했어요. 알렉산드로스의 친구이자 부하가 "대왕은 오리엔트 문화에 푹 빠졌다. 그리스 정신을 잃을까 걱정이다."라며 알렉산드로스에게 대들자 그 부하를 죽여 버리는 일까지 있었지요. 알렉산드로스는 부하를 죽인 뒤에 슬퍼하면서도 자신의 뜻을 굽히지 않았어요. 정말로 알렉산드로스가 오리엔트 문화에 푹 빠져 그리스 정신을 다 잊어 버린 걸까요?

　그건 아니에요. 알렉산드로스는 짧은 기간에 그리스, 서아시아, 이집트에 이르는 대제국을 건설했어요. 정복한 땅에는 그리스 문화를 퍼뜨렸지요. 그렇지만 알렉산드로스는 정복한 지역의 문화를 완전히 무시하지 않았어요. 그들의 문화를 받아들이고, 그들을 존중했지요. 페르시아 소년들에게 그리스 어를 가르치고 그리스식 군사 훈련을 시켰어요. 그리스 병사들에게는 페르시아식으로 생활하게 하고, 페르시아 사람들을 그리스식으로 가르쳤어요. **페르시아의 동방 문화와 그리스 문화가 하나로 합쳐지도록 노력한 거예요.** 알렉산드로스는 이를 위해 그리스 병사들과 페르시아 여자들을 결혼시켰어요.

알렉산드로스의 군대가 인도에서 방향을 돌려 고국으로 돌아가던 중 수사란 곳에 머물 때였어요. 알렉산드로스는 병사들을 위해 페르시아 여성들과 결혼식을 올려 주었어요. 무려 1만 쌍의 부부가 탄생하는

초대형 결혼식이었지요. 알렉산드로스도 다리우스 3세의 딸을 아내로 맞아들였어요. 그리스 귀족 출신의 고위 장교들은 페르시아 귀족 여성들과 결혼시켰어요. 낮은 계급의 장교나 병사들도 민족을 가리지 않고 짝을 맺어 주었지요.

알렉산드로스는 이집트를 비롯해 정복한 지역 곳곳에 자신의 이름을 딴 '알렉산드리아'라는 도시를 건설했어요. 알렉산드리아에는 그리스 사람들을 이주시켰고, 도시와 도시 사이에는 도로를 깔았어요. 알렉산드리아끼리는 서로 무역을 했어요. 그 결과 **동방 문화와 그리스 문화가 혼합된 독특한 문화가 생겨났는데, 이를 '헬레니즘 문화'라고 해요.**

알렉산드로스가 그리스 사람과 페르시아 사람들을 결혼시키고 그리스 사람들을 정복한 지역으로 이주시킨 이유는 명확해요. '세계는 하나!'라는 메시지를 전달하기 위해서였지요. 민족과 인종에 얽매이지 않고, 하나가 된다는 뜻이에요. 헬레니즘 문화의 가장 큰 특징이 바로 이거예요. 동방 문화와 그리스 문화를 융합하여 독특한 문화가 탄생한 거지요. 그리스 문화와 비교해 보면 헬레니즘 문화의 특징을 쉽게 알 수 있어요.

그리스의 문화를 한마디로 말하자면 '폴리스 문화'예요. 폴리스들은 자유와 평등을 바탕으로 한 공동체로 동시에 직접 민주주의를 실시했어요. 하지만 폴리스들은 외국인을 시민으로 인정하지 않았어요. 이에 비해 헬레니즘 문화에서는 국적과 민족을 중요하게 여기지 않았어요.

폴리스 출신이라고 으시대서도 안 되고, 문화 수준이 낮은 민족을 멸시해도 안 돼요. 왜? 모두가 평등하니까요! 헬레니즘 문화의 두 번째 특징이 이거예요. 특정 민족이나 나라에게만 유리하지 않으며 **헬레니즘 제국에 속한 모두가 평등하다는 점이지요.** 그래서 많은 학자가 헬레니즘을 '세계주의' 또는 '세계 시민주의'라고 한답니다. 한편으로는 폴리스 시민들이 가졌던 공동체 의식이 사라지면서 개인주의적 성향이 나타났어요.

이제 알렉산드로스가 단지 영토만 넓힌 왕이 아니란 사실을 알 수 있겠지요? 헬레니즘 문화가 탄생한 것은 세계 역사에서도 큰 의미를 가지고 있답니다.

무엇보다 이것 하나는 확실히 알아두는 게 좋을 것 같아요. **헬레니즘 문화는 그리스 문화와 동방 문화가 어우러져 탄생한, 아주 독창적인 세계 문화라는 사실 말이에요.**

헬레니즘 시대의 예술가들은 사모트라케의 니케 상처럼 조각 작품을 그리스와 달리 화려하면서도 살아 움직이는 것같이 생생하게 표현했어요.

헬레니즘 시대는 자연 과학이 발달했어요

헬레니즘 시대는 알렉산드로스가 제국을 세웠을 때부터 로마가 그리스와 소아시아, 북아프리카를 모두 정복할 때까지 약 300년간 계속되었어요. 이 기간 동안 자연 과학은 눈부시게 발전했어요. 우선 시칠리아 시라쿠사 왕국의 아르키메데스 이야기부터 해 볼게요.

아르키메데스가 이집트에서 공부를 마치고 돌아온 뒤 친구인 시라쿠사 왕을 찾았어요. 왕은 반갑게 아르키메데스를 맞았어요. 이런저런 얘기를 나누다 왕이 문득 이렇게 말했어요.
"왕실 공예가가 순금으로 왕관을 만들어 왔는데, 정말로 순금으로 만든 건지, 다른 금속이 섞인 건지 알고 싶다. 확인할 방법이 있겠는가?"
그날부터 아르키메데스의 고민이 시작되었어요. 하지만 방법을 찾을 수 없었지요. 그러던 어느 날, 피로를 풀려고 목욕탕에 가서 욕조에 몸을 담갔어요. 물이 욕조 밖으로 넘쳐흘렀어요. 바로 그때 왕관이 순금으로 만들어졌는지 확인할 방법이 떠올랐어요. 아르키메데스는 알몸인 것도 잊고 "유레카!"를 외치며 집으로 뛰어갔지요.

유레카는 '바로 그거야!' 또는 '이제 알았어!'라는 뜻의 감탄사랍니다. 도대체 아르키메데스는 무엇을 알아냈다는 걸까요? 살짝 수학과 과학 원리를 알아볼게요.

부피는 가로와 세로, 높이를 곱한 값이에요. 질량이 같을 때 덩치가 클수록, 그리고 밀도가 작을수록 부피가 커져요. 밀도는 입자가 얼마나 빽빽한가를 나타내는 단위예요. 방에 한 명이 있을 때보다 열 명이 있을 때 밀도가 훨씬 크지요. 물이 똑같이 가득 담긴 컵을 준비해 똑같은 질량의 금을 A컵에, 은을 B컵에 넣어요. 어느 쪽 물이 더 많이 넘칠까요? 바로 은을 넣은 B컵이랍니다. 은이 금보다 밀도가 작거든요. **밀도가**

작으니 부피가 클 테고, 부피가 크니 물을 더 많이 밀어내는 거지요. 이것이 '아르키메데스의 원리'랍니다. 물체가 물에서 둥둥 떠오르게 하는 힘을 부력이라고 하는데, 부피가 커지면 부력도 커지지요. 그래서 이 원리를 '부력의 원리'라고도 해요.

아르키메데스는 '부력의 원리'를 이용해 한쪽에는 왕관을, 다른 쪽에는 같은 질량의 금을 넣었어요. 넘친 물의 양이 같으면 순금으로 왕관을 만들었다는 뜻이에요. 하지만 왕관을 넣은 쪽의 물이 더 많이 넘친다면 왕관에는 다른 금속이 섞여 있는 거지요.

실제 결과는 어땠을까요? 왕관을 넣은 쪽의 물이 더 많이 넘쳤다는군요. 왕관에 금이 아닌 다른 금속이 섞여 있다는 뜻이었지요. 왕실 공예가가 왕을 상대로 거짓말을 한 거예요.

아르키메데스는 지렛대의 원리도 발견했어요. 시라쿠사 왕에게 이렇게 말하기도 했어요. "긴 지렛대와 지렛목만 내게 주시오. 그러면 지구를 움직이겠소." 물론 실제로는 불가능해요. 그렇게 긴 지렛대가 있을 리가 없으니까요. 하지만 과학 원리만 놓고 보자면 불가능한 일은 아니에요. 실제로 아르키메데스는 지렛대와 도르래를 이용해 해변 모래톱에 있던 군함을 바다에 띄우기도 했답니다.

아르키메데스가 태어난 시라쿠사는 로마와 사이가 좋지 않았어요. 로마는 나중에 지중해 일대를 놓고 아프리카 북부의 해상 강국 카르타고와 전쟁을 치렀어요. 그 전쟁이 포에니 전쟁이에요. 포에니 전쟁에서 시라쿠사는 카르타고의 편을 들었어요. 아르키메데스는 투석기, 거중기 같은 신무기를 포에니 전쟁 때 선보였지요. 하지만 포에니 전쟁은 로마의 승리로 끝이 났어요. 포에니 전쟁 중에 아르키메데스가 죽음을 맞이했어요. 아르키메데스의 죽음에 얽힌 이야기를 들려줄게요.

로마 병사들이 시라쿠사에 상륙했을 때였어요. 바로 그때 아르키메데스가 바닥에 도형 같은 것을 그리고 있었어요. 수학의 원리를 연구하고 있었던 거지요.
시라쿠사에 들어온 로마 병사가 아르키메데스가 그려 놓은 도형을 밟았어요. 아르키메데스는 "어서 비키시오."라며 로마 병사에게 호통을 쳤어요. 그러자 화가 난 로마 병사가 아르키메데스를 칼로 베어 버렸어요.

천재 수학자이자 과학자, 천문학자인 아르키메데스는 이렇게 해서 세상을 떠났어요.
아르키메데스 말고도 헬레니즘 시대를 대표하는 과학자 두 명만 더 살펴볼게요. 바로 에라토스테네스와 아리스타르코스예요. **에라토스테네스는 지구의 둘레를 처음으로 계산한 과학자예요.** 에라토스테네스는 해시계를 이용해 지구 둘레가 약 4만 5000킬로미터(km)라는 것을 알아냈어요. 실제 지구 둘레는 약 4만 킬로미터(km)예요. 어때요, 거의 비슷하지요?

아리스타르코스는 지구가 스스로 움직이면서 태양 주위를 돈다는 태양 중심설을 주장한 과학자예요. 오늘날에는 태양 중심설을 의심하는 사람이 없지만 당시에는 아무도 이를 믿지 않았지요. 결국에는 아리스타르코스가 옳았던 거지요.

알렉산드로스의 동방 원정은 인도에도 영향을 미쳤어요

알렉산드로스가 인더스 강 일대를 차지하고 나서 부하들의 반대로 인도 정복을 포기해야 했던 것을 기억하나요? 만약 그때 부하들이 반대하지 않았더라면 알렉산드로스는 어디까지 정복했을까요? 적어도 갠지스 강 일대는 정복할 수 있었을 거예요.

갠지스 강은 인도 북부에서 동남쪽으로 흐르는 강이에요. 갠지스 강 주변에는 아리아 인들이 세운 작은 국가가 여럿 있었어요. 그중에 마가다 왕국이 인도 북부 대부분을 차지하고 있었어요. 하지만 귀족들이 서로 싸우고 백성들이 반란을 일으키는 바람에 난다 왕조가 들어섰어요. 난다란 사람이 마가다 왕족을 몰아내고 만들어서 난다 왕조란 이름이 붙었지요. 바로 이때 알렉산드로스의 군대가 밀고 들어와 인더스 강 일대의 펀자브 지역을 정복했어요.

알렉산드로스가 펀자브 지역에 부하들을 남겨 두고 돌아간 뒤 인도에서 마가다 왕국의 왕족 출신인 찬드라굽타 마우리아가 반란을 일으켰어요. 난다 왕조에 불만이 많았던 인도 사람들은 찬드라굽타 마우리아를 환영했어요. 찬드라굽타 마우리아는 손쉽게 난다 왕조의 왕을 쫓아냈어요. 그러고는 펀자브 지역에 남아 있는 그리스 군사들을 쫓아내고 마우리아 왕조를 세웠어요. 이때가 기원전 320년쯤이에요.

마우리아 왕조는 인도를 통일한 첫 나라예요. 제3대 아소카 왕 때는 남부 일부 지방을 빼고는 인도의 대부분을 차지했지요. 인도 남쪽에 정복하지 못한 나라들이 있었지만 인도 남쪽의 문화는 북쪽과 아주 달랐어요. 그러니 사실상 인도 중부와 북부를 통일한 마우리아 왕조가 인도의 첫 통일 왕국 대우를 받는 거지요.

정말 역사는 여러 나라가 이처럼 얽히면서 발전하는 파노라마 같아요. 알렉산드로스의 동방 원정이 결국에는 인도의 역사에도 영향을 미쳤잖아요.

마우리아 왕조는 불교를 보호한 나라이기도 해요. 불교는 기원전 6세기 무렵에 석가모니가 창시한 종교예요. 석가모니는 고타마 싯다르타라고도 해요. 불교는 마우리아 왕조가 들어서기 훨씬 전에 인도에서 탄생했어요.

불교가 눈부시게 발전하기 시작한 게 마우리아 왕조의 제3대 아소카 왕 시절이었어요. 아소카 왕은 뛰어난 왕이었어요. 인도의 땅을 사방으로 넓혔지요. 하지만 몇 차례의 큰 전투를 치르면서 큰 괴로움과 허무함을 느꼈어요. 자신이 일으킨 전쟁 때문에 수십만 명이 다치고 죽는 것을 보고 큰 충격을 받아 불교를 믿기 시작했지요. 아소카 왕은 전쟁을 일으키는 대신에 불교의 가르침을 널리 전파하려고 했어요. 그리하여 돌기둥에 불교의 가르침과 아소카 왕의 정책 등을 새겨

서 널리 알렸어요. 또 산치 대탑을 비롯한 많은 불탑을 건설하고 주변의 여러 나라에 불교를 널리 퍼뜨렸어요. 불탑은 석가모니의 몸에서 나온 유골을 보관하려고 세운 탑이에요. 불탑은 스투파라고도 해요.

아소카 왕이 퍼뜨린 불교는 후에 타이, 미얀마, 라오스, 캄보디아 등 동남아시아의 대표적인 종교가 되었어요. 이 불교를 '상좌부 불교'라고 해요. 소승 불교라고도 하지요. 상좌부 불교는 석가모니의 계율을 엄격히 지키고, 개인이 깨달음을 얻어 모든 고통과 근심으로부터 벗어나 편안한 상태에 이르는 것을 중요하게 여겨요.

알렉산드로스의 동방 원정은 인도에만 영향을 미친 게 아니에요. 알렉산드로스의 동방 원정으로 생겨난 헬레니즘 문화는 우리나라에도 영향을 미쳤어요. 못 믿겠다고요? 자, 찬찬히 살펴볼게요.

우리나라의 석굴암도 헬레니즘 문화의 영향을 받았어요

알렉산드로스가 부하들을 남겨 두고 인도를 떠났다고 했지요? 그 결과 인도에도 그리스 마을이 여럿 들어섰어요. 그리스 출신의 사람들은 숭배하는 신을 조각상으로 만들었어요. 이것은 인도 사람들에게는 낯선 풍경이었어요. 이때까지 인도에서는 석가모니를 조각상으로 만들지 않았어요. 석가모니를 감히 '사람'의 모습으로 만든다는 게 불경스러운 일이라고 생각했거든요. 그래서 석가모니를 표현할 때는 석가모니가 깨달음을 얻은 보리수나 석가모니의 발자국 또는 석가모니의 가르침을 뜻하는 수레바퀴 등으로 나타냈어요.

하지만 곧 그리스 문화의 영향을 받은 인도 사람들이 석가모니의 조각상을 만들기 시작했어요. 기원전 2세기 무렵부터 불교를 믿는 나라에서는 그리스 조각상처럼 석가모니의 조각상을 만들기 시작했어요. 석가모니 조각상을 불상이라고 하는데, 특히 간다라 지역에서 불상을 많이 만들었어요. 간다라는 지금의 파키스탄 북부에 있는 페샤와르와 그 주변을 통틀어 부르는 말이에요.

간다라 지역에서 만든 간다라 불상은 독특해요. 일단 얼굴 생김새가 동양 사람보다는 서양 사람을 닮았어요. 머리카락은 곱슬곱슬하고, 눈은 푹 들어가 있으며 코는 높게 솟아 있지요. 어때요, 그리스에서 빚은 아폴론 신의 조각상과 비슷하게 생겼지요? 부처님이 입고 있는 옷도 그리스 사람들이 입는 옷처럼 생겼어요.

왜 그럴까요? 바로 **간다라 불상이 헬레니즘 문화의 영향을 받았기 때문이에요. 그리스 문화와 인도 문화가 어우러져서 만들어진 거예요. 이 미술 양식을 '간다라 미술'이라고 한답니다.**

간다라 미술은 마우리아 왕조 다음에 인도를 지배한 쿠샨 왕조 때 크게 발달했어요. 쿠샨 왕조는 불교의 한 종파인 대승 불교를 적극 보호했어요. 대승이란 큰 수레라는 뜻으로 중생, 즉 많은 사람에게 석가모니의 가르침을 전하는 것을 목표로 했어요. 그러니 많은 사람에게 불교를 쉽게 믿게 하기 위해 불상이 많이 필요했지요.

대승 불교는 중앙아시아를 거쳐 중국에 전파되었으며 우리나라와 일본까지 전해졌어요.

간다라 미술 작품 하나를 살펴볼까요? 6세기 무렵 만들어진 바미안 석불이에요.

◁ 바미안 석불은 오늘날 아프가니스탄 바미안 주에 있었어요. 간다라 지방과 그다지 멀지 않아요. 바미안 석불

은 높은 절벽의 한쪽을 파서 그 안에 세운 불상이에요. 물론 이 불상도 서양인의 얼굴을 하고 있었지요. 안타까운 것은 더 이상 바미안 석불을 볼 수 없게 됐다는 점이에요. 아프가니스탄을 지배했던 이슬람 탈레반 정권이 우상 숭배를 반대한다며 2001년에 로켓포로 불상을 파괴해 버렸거든요.

　대승 불교가 중국을 거쳐 우리나라에 전해졌다고 했지요? 이때 간다라 미술이 함께 우리나라에도 전해졌어요. **간다라 미술의 영향을 받은 우리나라의 대표적인 문화재가 토함산 동쪽에 있는 석굴암이랍니다.** 우선 석굴암을 만든 방식이 바미안 석불과 비슷해요. 바미안 석불은 절벽의 한쪽을 파고, 그 안에 불상을 조각했어요. 석굴암도 인공으로 석굴을 만들고, 그 안에 불상을 모셨지요.

석굴암 안에 있는 불상도 간다라 미술의 영향을 받았어요. 곱슬거리는 머리와 우뚝한 코, 입체적인 옷의 주름을 보면 알 수 있어요. 석굴암 정중앙에 있는 불상은 석가여래 좌상이라고 해요. 석가여래는 부처님을 뜻하고, 좌상은 앉아 있는 불상이란 뜻이지요. 석가여래 좌상 뒤쪽과 주변에는 여러 불상이 있어요. 여러 불상 중에서 석가여래 좌상이 근본이 된다는 뜻에서 본존불상이라고도 한답니다. 그러니까 석굴암에서 가장 중요한 불상은 본존불상인 석가여래 좌상이에요.

이 본존불상을 유심히 살펴보세요. 본존불상은 흰 화강암으로 만들었어요. 높이는 약 3.4미터(m) 정도예요. 얼굴을 볼까요? 가늘게 뜬 눈을 보면 뭔가 깊은 생각에 잠겨 있는 것 같아요. 입술에는 살짝 미소를 머금고 있어요. 자비가 느껴지나요? 책상다리를 하고 앉아 있는 모습은 단아함을 넘어 경건하기까지 해요. 손가락도 아주 섬세하게 표현돼 있어요. 이제 석가모니가 입고 있는 옷을 볼까요? 옷이 몸에 달라붙은 느낌이 들어요. 주름 하나하나까지 살아 있어요.

석굴암은 통일 신라 시대인 8세기에 만들어졌어요. **수백 년에 걸쳐 헬레니즘 문화의 영향이 동아시아의 끝에 있는 한반도에도 당도한 셈이지요.** 정말 대단하지 않나요?

자, 이제 헬레니즘 여행을 끝마쳐야 할 시간이에요. 그리스 폴리스의 탄생과 페르시아 제국의 탄생, 몇 차례에 걸친 큰 전쟁, 그리고 마침내 헬레니즘 세계의 탄생과 전파에 이르기까지……. 일단 여러분은 헬레니즘 문화가 서아시아와 중앙아시아를 거쳐 인도에 전파가 됐다는 사실만 알아 두어도 많은 걸 배운 거예요.

이제 기원전 9세기부터 기원전 3세기까지의 그리스와 페르시아, 아프리카 북부, 그리고 인도의 역사 여행을 끝냈어요. 이 무렵 중국에서는 춘추·전국 시대가 펼쳐지고 있었지요. 이제 중국으로 넘어가 보아요.

지도 위 세계사
알렉산드로스의 발자취를 따라 만나는 헬레니즘

알렉산드로스 대왕은 자기가 정복한 곳곳에 도시를 건설했어요.
그 지역에는 헬레니즘 문화가 꽃피웠지요.
알렉산드로스 대왕의 고향과 헬레니즘 문화를 볼 수 있는 곳을 살펴보아요.

그리스 펠라

그리스 북동부에 있는 고대 마케도니아 왕국의 수도였어요. 알렉산드로스와 알렉산드로스의 아버지 필리포스 2세가 태어난 곳이지요. 고대 마케도니아 시절의 건물 터에서는 아름다운 모자이크가 많이 발견되었어요.

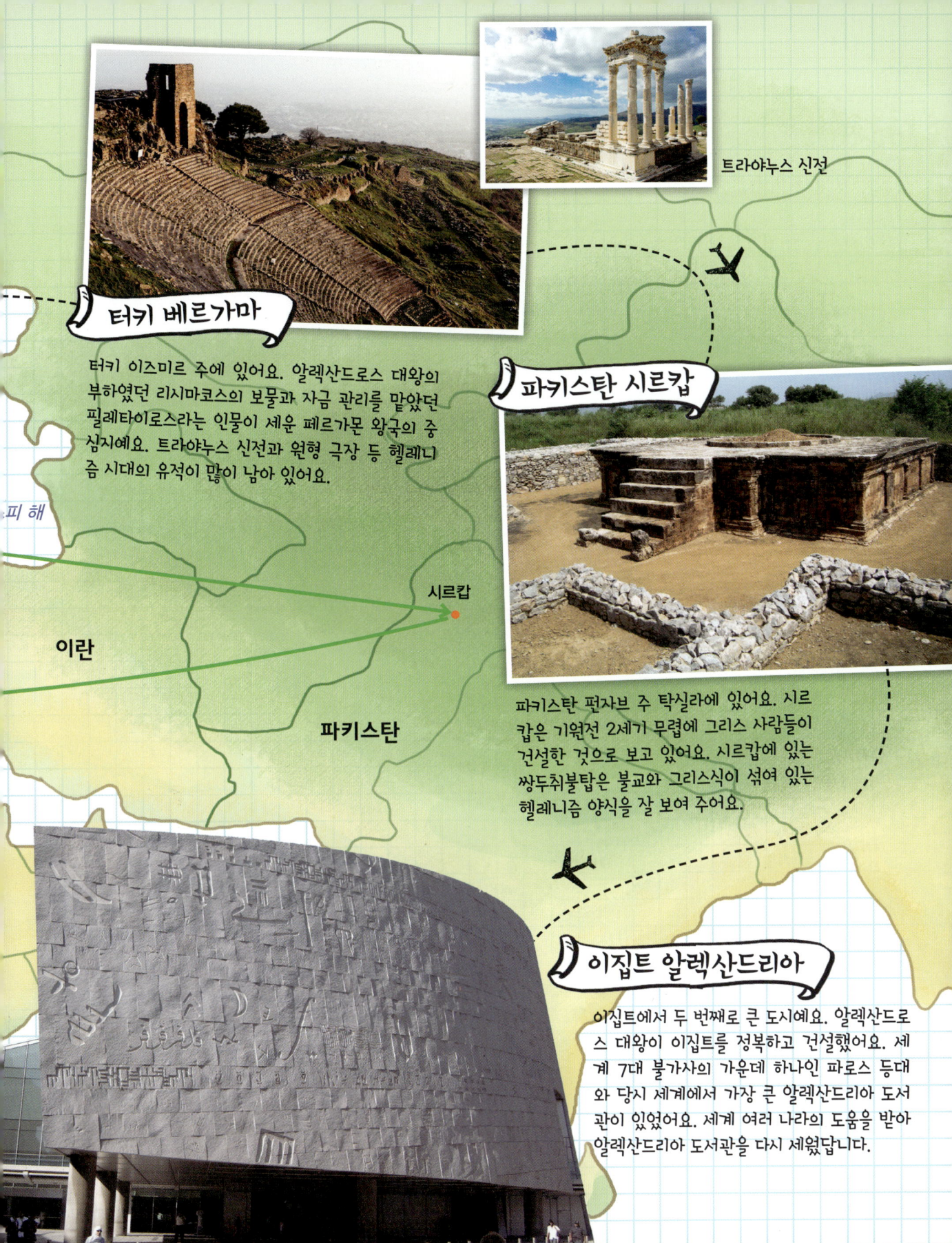

트라야누스 신전

터키 베르가마

터키 이즈미르 주에 있어요. 알렉산드로스 대왕의 부하였던 리시마코스의 보물과 자금 관리를 맡았던 필레타이로스라는 인물이 세운 페르가몬 왕국의 중심지예요. 트라야누스 신전과 원형 극장 등 헬레니즘 시대의 유적이 많이 남아 있어요.

파키스탄 시르캅

파키스탄 펀자브 주 탁실라에 있어요. 시르캅은 기원전 2세기 무렵에 그리스 사람들이 건설한 것으로 보고 있어요. 시르캅에 있는 쌍두취불탑은 불교와 그리스식이 섞여 있는 헬레니즘 양식을 잘 보여 주어요.

이집트 알렉산드리아

이집트에서 두 번째로 큰 도시예요. 알렉산드로스 대왕이 이집트를 정복하고 건설했어요. 세계 7대 불가사의 가운데 하나인 파로스 등대와 당시 세계에서 가장 큰 알렉산드리아 도서관이 있었어요. 세계 여러 나라의 도움을 받아 알렉산드리아 도서관을 다시 세웠답니다.

기원전 770년경
춘추 시대 시작

기원전 403년경
전국 시대 시작

기원전 770년경	기원전 403년경
춘추 시대 시작	전국 시대 시작

6장
춘추·전국 시대의 혼란, 그리고 변화

기원전 770년 유목 민족이 주나라로 쳐들어온 후
중국의 역사가 크게 바뀌었어요.
주 왕실은 유목 민족으로부터 멀리 떨어지려고 동쪽의 뤄양으로
수도를 옮겼어요. 이 사건을 '주의 동천'이라고 해요.
주의 동천 이후 주나라 왕의 권위는 땅에 떨어졌어요.
지방을 다스리던 제후들은 천하를 차지하기 위해 경쟁하기 시작했어요.
이렇게 해서 중국 역사상 가장 긴 혼란의 시대가 시작됐는데,
그게 바로 춘추·전국 시대랍니다.
이 무렵 한반도에서는 고조선 시대가 이어지고 있었어요.
고조선이 어떻게 변했는지 그 풍경도 함께 살펴볼게요.

기원전 246년경
진나라, 시황제 즉위

기원전 221년경
진나라, 중국 통일

제후들의 다툼이 시작되었어요

주는 유목 민족의 침입으로 수도를 호경에서 뤄양(낙읍)으로 옮겼어요. 역사학자들은 주 왕실의 수도가 서쪽의 호경에 있었을 때를 '서주', 주 왕실의 수도가 동쪽의 뤄양에 있었을 때를 '동주'라고 해요. 동주 시대를 보통 춘추·전국 시대라고 해요. **춘추·전국 시대는 기원전 770년부터 진이 중국을 통일한 기원전 221년까지 약 550년간이나 계속되었어요.** 아마도 중국 역사 전체를 통틀어도 가장 긴 혼란기였을 거예요. 중국에서 춘추·전국 시대가 혼란스러운 시기이기는 했지만 큰 발전을 이루었던 시기이기도 해요.

우선, **중국의 영토가 넓어졌어요.** 서주 시절, 주의 영토는 그리 넓지 않았어요. 하지만 춘추·전국 시대가 계속되면서 중국 남부 지역까지 영토가 넓어졌어요.

두 번째로 **농업 생산량이 많이 늘었어요.** 중국 동남쪽의 양쯔 강 주변 지역은 일찍이 철기 문화가 발달한 지역이에요. 돌괭이와 쟁기를 가장 먼저 철로 바꾼 곳이지요. 철로 만든 농기구뿐만 아니라 땅을 갈 때 소의 힘을 이용하는 '우경'을 시작했어요. 사람이 괭이를 이용해 아무리 땅을 깊게 갈아엎는다고 해도 소가 쟁기를 끄는 것보다는 땅을 깊게 갈아엎을 수 없어요. 땅을 깊게 갈아야 농작물이 튼튼하게 자라고 곡식이 많이 열리지요. 철로 만든 농기구와 소를 이용하여 농사짓는 방법이 널리 퍼지면서 농업 생산량이 크게 늘었어요.

　세 번째로 **수공업과 상업이 발전했어요.** 농업 생산력이 발전하여 먹는 걱정을 덜었으니 생활을 편리하게 하기 위해 여러 물건을 만들기 시작한 거예요. 비단을 비롯해 각종 생활용품을 만드는 수공업이 발전했고, 이 물건들을 사고팔다 보니 상업도 발달했지요. 상업이 발달하니 화폐도 필요했어요. 칼 모양으로 생긴 도전을 비롯해 여러 모양의 화폐가 사용되었어요. 모든 산업이 이렇게 쑥쑥 성장하니 곳곳에 대도시들이 생겨났지요. 어때요, 춘추·전국 시대가 꼭 혼란스러운 것만은 아니었지요?

　춘추·전국 시대에는 수많은 전쟁이 벌어졌어요. 지식인들은 더 좋은 세상을 만들기 위해 고민하고 또 고민했어요. 이런 지식인들을 사상가라고 하지요. 이들 사상가에 대해서는 조금 있다 다룰 거예요. 조금만 기다리세요.

　춘추·전국 시대는 크게 춘추 시대(기원전 770년~기원전 403년)와 전국 시대(기원전 403년~기원전 221년)로 나눈답니다. 춘추 시대와 전국 시대란 말은 책의 이름에서 나온 말이에요. 춘추 시대는 공자의 책 〈춘추〉에서, 전국 시대는 유향의 책 〈전국책〉에서 따온 거지요.

　춘추 시대와 전국 시대의 제후들은 모두 천하를 차지하겠다고 서로 싸웠어요. 하지만 제후들이 전쟁을 벌이는 이유는 춘추 시대와 전국 시대가 달랐어요. **춘추 시대의 제후들은 '주와 주의 왕실을 보호하겠다. 천하를 어지럽히는 못된 제후와 오랑캐를 없애고 천하의 평화를 지키고, 왕에게 충성하겠다!'며 목소리를 높였어요.** 제후들이 진짜로 주 왕실을 지키려고 전쟁을 벌였을까요? 아닐 거예요. 제후들은 주나라까지 정복해 천하를 차지하고 싶었겠지요. 그렇지만 겉으로는 속마음을 절대 드러내지 않았어요. 그랬다가는 다른 제후들이 '네가 반역을 하려는 게냐!'며 달려들 테니까요.

이처럼 춘추 시대의 제후들은 겉으로나마 주의 왕실을 받들었고, 충성을 맹세했어요. 제후들은 주의 왕에게 예의를 지킨다는 뜻으로 스스로를 '왕'이 아닌 '공'으로 낮춰 불렀지요.

춘추 시대가 시작되고 370여 년이 흘러 전국 시대가 시작되었어요. 이제 제후들은 모두 겉치레를 벗어 던졌어요. 더 이상 자신을 '공'이라 부르지 않았어요. 스스로 '왕'이라고 했지요. **이제 주는 한낱 작은 왕국일 뿐이었어요.**

춘추 시대 초기에 주의 제후국은 200개가 넘었어요. 하지만 강한 제후국이 약한 제후국을 정복하여 곧 10~20개로 줄어들었어요. 제후국들 중에서도 가장 강한 다섯 나라를 춘추 5패라고 해요. 이제 춘추 5패에 대해 이야기할 거예요.

춘추 시대에는 다섯 나라가 강했어요

춘추 시대는 약 370년간 계속되었어요. 춘추 시대에는 수많은 제후국이 엎치락뒤치락하면서 경쟁했지요. 가장 강한 제후는 '제후들은 모여라!'라고 말할 수 있었어요. 제후들의 모임을 회맹이라고 해요. '회맹'을 소집할 수 있는 제후는 주의 왕에게 인정받아야 하지요. 이 제후를 '패자'라고 해요. 패자는 제후 중의 우두머리라는 뜻이에요.

회맹을 소집한 다섯 영웅을 '춘추 5패'라고 한답니다. 패자가 나온 다섯 나라는 제, 진, 초, 오, 월이었어요. 회맹을 열어 패자의 자리에 올라선 순서대로 춘추 5패를 살펴볼게요.

춘추 5패 중에서 **가장 먼저 패자가 된 사람은 제의 환공이에요.** 환공은 제의 제16대 제후였어요. 하지만 제후가 되는 과정이 순탄하지는 않았어요.

환공은 원래 제14대 제후 양공의 동생이었어요. 그런데 양공은 성질이 포악했어요. 환공도 죽임을 당할 뻔 해서 다른 나라로 도망갔지요.

결국 포악했던 양공은 사촌 형제인 공손 무지에게 목숨을 잃었어요. 공손 무지는 제15대 제후에 올랐지만 곧 목숨을 잃었지요. 제나라의 제후 자리가 비었지요? 환공은 공자 규와 대결을 벌였어요. 이 대결에서 환공이 승리하여 마침내 제의 제후가 되었어요. 환공은 제를 그 어느 때보다 강하게 키웠어요. 그 덕분에 많은 제후가 환공을 받들었어요. 기원전 7세기 중반에 환공은 회맹을 소집해 패자가 됐다는 것을 온 세상에 알렸어요.

제의 환공이 중국을 호령하는 동안 오리엔트 지역은 어떤 상황이었을까요? 이 무렵 아시리아가 이집트를 무너뜨리고 오리엔트 지역을 통일했어요. 이때가 기원전 660년경이에요. 만약 제가 계속 힘을 키웠다면 아시리아가 오리엔트 지역을 차지한 것처럼 중국을 통일했을 거예요.

하지만 제의 환공이 세상을 떠난 뒤에 나라가 기울기 시작했어요. 그의 아들들이 제후 자리를 놓고 다퉜거든요. 그 틈을 타서 **진의 문공이 패자의 자리에 올랐어요.** 문공은 환갑을 넘어서야 진의 제후가 되었어요. 제후에 오를 때까지 무려 19년이나 이 나라 저 나라를 떠돌아다녀야 했지요. 어떤 까닭이었을까요?

문공은 진의 제후 헌공의 둘째 아들이에요. 제후가 되기 전의 이름은 중이지요. 헌공의 뒤를 이을 사람은 장남인 신생이었어요. 그런데 헌공의 후궁이 자기 아들을 제후에 앉히려고 계략을 짰어요. 헌공이 그 계략에 넘어가는 바람에 신생은 자살하고 문공과 또 다른 동생 혜공은 진에서 달아나야 했지요. 결국 후궁의 아들이 헌공의 뒤를 이어 제후가 되었어요. 하지만 곧 암살됐고, 또 다른 첩의 자식이 제후가 됐지만 그도 암살되었어요. 이어 문공의 동생 혜공이 진의 제22대 제후가 되었지요.

혜공은 형인 문공이 제후의 자리를 노린다고 생각해 문공을 없애려고 했어요. 문공은 다시 먼 곳으로 달아나야 했어요. 그 뒤 시간이 흘러 혜공이 죽고, 그의 아들 회공이 제후가 되었어요. 그제야 문공은 19년의 떠돌이 생활을 끝내고 돌아와 회공을 없애고 예순둘의 나이에 제후에 올랐어요.

제후가 된 문공은 초와 전투를 벌여 대승을 거뒀어요. 나아가 주의 왕을 위해 궁궐도 새로 지어 주었지요. 이어 회맹을 소집했어요. 이때가 기원전 632년이에요. 공식적으로 진의 문공이 두 번째 패자가 되는 순간이지요.

춘추 5패의 세 번째 패자는 초의 제23대 장왕이었어요. 초는 주의 제후국이 아니었어요. 그래서 초의 왕들은 스스로를 '공'이 아닌 '왕'이라고 했지요. 초는 중국의 남쪽에 있었어요. 주의 제후국들은 초를 야만족이라고 생각했어요. 그래도 초는 묵묵히 힘을 길렀고, 마침내 패자가 될 수 있었던 거예요.

기원전 597년, 초의 장왕이 직접 군대를 이끌고 북쪽으로 올라가서 진을 격파했어요. 이로써 초의 장왕이 세 번째 패자가 되었어요. 남방 야만인 소리를 듣던 초가 중국의 중심지인 황허 강 유역을 점령한 거예요. 이 사건은 중국 역사에서 아주 중요하답니다. 초가 중국 역사의 일부분이 됐기 때문이에요. 다시 말해 중국의 영토가 지금처럼 크게 넓어지게 된 사건이란 뜻이에요. 게다가 중국의 남방 지역은 땅이 기름져 농업 생산량이 높았어요. 남방 지역의 경제력이 보태지면서 중국 전체의 경제도 훨씬 나아지게 되었지요.

그렇지만 초가 중국을 호령하던 시절은 오래가지 못했어요. 장왕이 세상을 떠나자 초가 힘을 잃기 시작했거든요. 초와 진은 엎치락뒤치락하며 많은 시간을 보냈어요. 그러다가 두 나라는 싸움을 멈추기로 했어요. 이때가 기원전 546년이에요. 그 뒤로 한동안은 패자가 등장하지 않았어요. 여러 나라가 서로 눈치만 보는 동안 세월은 흘러갔지요. 이 무렵 오리엔트 지역에서는 아케메네스 왕조 페르시아가 세상을 호령하고 있었어요. 그리스에서는 아테네와 스파르타를 비롯한 여러 폴리스가 발전하고 있었지요.

제의 환공, 진의 문공, 초의 장왕을 이은 패자는 중국 동남쪽에 있던 오와 월에서 나왔어요. 오와 월이 강대국으로 성장할 수 있었던 비결은 여러 가지예요. 땅이 기름지고, 강수량이 풍부한데다 일찍이 철제 농기구를 사용했거든요. 그러니 당연히 경제가 발전했지요.

이 지역은 중국에서 가장 먼저 철기 문화가 발달한 지역이랍니다. 철로 다양한 도구를 만들었는데, 특히 무기가 발전했어요. 실제로 월의 왕 구천의 것으로 보이는 철제 칼이 발견됐는데, 칼을 만든 기술이 매우 뛰어나답니다.

춘추 시대의 마지막 시기를 보냈던 오와 월의 이야기를 시작해 볼까요?

오의 제후 합려는 아들 부차와 함께 초를 물리치고 중국의 중심인 중원까지 진출했어요. 이제 합려가 네 번째 패자가 될 수 있었지요. 하지만 합려는 월과 싸우다 목숨을 잃었어요. 합려는 아들 부차에게 꼭 월에 복수하라는 유언을 남겼지요.

부차는 이날부터 잠자리에 땔나무를 쌓아 놓고, 그 위에서 잠을 잤어요. 나무의 뾰족한 부분이 부차의 등과 허벅지를 찔렀어요. 온몸이 상처투성이가 됐지만 부차는 꾹 참았어요. 땔나무에 눕는다는 말을 한자로 '와신(臥薪)'이라고 하지요. 부차는 매일 '와신' 하면서 원수인 구천의 얼굴을 떠올렸어요. 방 입구에는 부하를 두고, 자신이 드나들 때마다 이렇게 외치도록 했지요.

"너 이놈 부차야. 아비의 원수를 잊지 마라!"

마침내 부차는 월과 싸워 대승을 거두었어요. 월의 왕 구천은 부차에게 머리를 조아리며 항복해야 했어요.

목숨을 건진 구천은 오에 복수를 하겠다며 이를 악물었어요. 구천은 쓰디쓴 패배의 기억을 잊지 않기 위해 곰의 쓸개를 준비했어요.

곰의 쓸개는 아주 써요. 구천은 방에 곰의 쓸개를 매달아 놓고 아침저녁으로 그 쓸개를 핥았어요. 쓴맛이 느껴질 때마다 복수심이 되살아났지요.

쓸개를 핥는다는 말은 한자로 '상담(嘗膽)'이에요. 오의 왕 부차가 월에게 복수를 다짐하며 '와신' 하던 것과 합쳐서 '와신상담(臥薪嘗膽)'이라고 하지요. 힘든 것을 마다하지 않고 스스로를 채찍질하며 미래를 준비할 때 이 말을 쓴답니다.

어느덧 구천이 부차에게 무릎을 꿇은 지도 4년이 지났어요. 그 사이에 월은 꾸준히 힘을 키웠고, 오는 점점 힘이 약해지고 있었지요. 그러니 결과는 뻔해요. 월이 오를 크게 꺾었지요. 구천이 복수에 성공한 거예요.

부차는 뒤늦게 월의 구천을 살려 준 걸 한탄하며 스스로 목숨을 끊었어요. 결국 오는 멸망하고 말았어요.

오를 물리친 **월의 구천이 춘추 시대의 다섯 번째 패자가 되었어요.** 그런데 춘추 시대는 언제 끝나고 전국 시대는 언제 시작됐을까요? 두 번째 패자가 어느 나라의 누구였는지 기억하고 있나요? 맞아요. 진의 문공이었어요. 바로 그 진이 기원전 453년에 한, 위, 조로 갈라졌어요. 하지만 다른 제후국들은 한, 위, 조를 제후국으로 인정하지 않았어요. 물론 이유가 있었지요.

춘추 시대에 가장 서열이 높은 나라는 왕이 있는 주예요. 춘추 시대로 접어들면서 비록 힘이 많이 약해지기는 했지만 주는 여전히 왕의 나라였지요. 모든 나라가 주의 왕으로부터 제후국으로 인정을 받아야 했어요. 하지만 한, 위, 조는 제후국으로 인정받지 못했어요. 그러니 다른 제후국들은 당연히 이 세 나라를 인정하지 않은 것이지요.

진이 한, 위, 조로 갈라지고 50년이 지난 기원전 403년이 되었어요. 세 나라가 마침내 주로부터 제후국으로 인정받았어요. 바로 이때부터 중국은 춘추 시대에서 전국 시대로 접어들게 된 거랍니다. 그리스에서 펠로폰네소스 전쟁이 끝나고 1년이 지난 때였지요.

전국 시대가 시작되었어요

전국 시대나 춘추 시대나 어지럽고 혼란스러웠던 것은 비슷해요. 굳이 따진다면 전국 시대가 더 혼란스러웠지요. 왜 그랬을까요?

전국 시대에는 제후들이 더 이상 주의 신하로 있으려고 하지 않았어요. 그전까지 왕은 주의 왕 하나뿐이었어요. 제후들은 왕보다 아래 있는 신하라는 뜻으로 '공'이라고 불렀어요. 하지만 전국 시대에는 모두 스스로를 '왕'이라고 했지요. 천하를 차지하겠다는 야심을 더 이상 감추지 않은 거예요.

그러다 보니 언제든지 주의 왕을 몰아낼 수도 있다고 생각했어요.

그래서 주는 왕의 나라로써의 권위가 사라지고 힘이 없는 작은 나라로 떨어졌어요.

전국 시대의 몇몇 나라가 강대국으로 컸어요. 그런 나라들은 작은 나라를 정복하면서 영토를 넓혔어요. 전국 시대 말기로 가면서 힘이 커진 강대국들은 천하를 차지하기 위해 치열하게 싸웠지요.

춘추 시대의 강대국으로는 춘추 5패가 있었는데 **전국 시대에는 일곱 나라가 강대국으로 떠올랐어요. 이들을 '전국 7웅'이라고 불렀지요.** 전국 7웅을 살펴볼까요? 춘추 5패 가운데 하나였던 진이 한, 위, 조로 갈라졌다고 했어요. 원래 진은 강국이었어요. 진에서 갈라진 한, 위, 조도 강국이었지요. 이 세 나라가 모두 전국 7웅에 속해요. 이 세 나라를 중심으로 동쪽에는 제, 서쪽에는 진, 남쪽에는 초, 북쪽에는 연이 자리 잡고 있었어요. 이 네 나라도 전국 7웅에 속하지요. 즉 **한, 위, 조, 제, 진, 초, 연이 전국 7웅이에요.** 참, 춘추 시대에 있던 진과 전국 7웅 가운데 하나인 진은 같은 나라가 아니에요. 한자도 달라요. 춘추 시대에 있던 진나라의 진은 晉이고, 전국 시대 있던 진나라의 진은 秦이에요.

진이 가장 강한 나라가 되었어요

전국 시대가 끝날 무렵, 전국 7웅 중에서 가장 강한 나라는 진이었어요. 나머지 여섯 나라가 모두 힘을 합치면 모를까, 진에 일대일로 맞서서 이길 수 있는 나라는 없었지요. 나머지 여섯 나라는 혹시 진이 쳐들어온다면 어떡하나 하며 걱정했어요. 진도 여섯 나라를 정복하여 천하를 통일할 방법을 찾았지요.

전국 시대 말에 소진과 장의라는 학자가 있었어요. 소진과 장의는 같은 스승 밑에서 공부했어요. 하지만 소진과 장의는 주장하는 것이 달랐어요. 소진은 여섯 나라가 뭉쳐서 진에 맞서야 한다고 주장했어요. 이에 비해 장의는 여섯 나라가 진과 따로따로 동맹을 맺도록 하여 결국 진이 천하를 통일해야 한다고 주장했어요. 소진이 주장하는 것을 '합종책', 장의가 주장하는 것을 '연횡책'이라고 해요.

먼저 소진이 여섯 나라의 왕들을 찾아다니며 합종책을 주장했어요.

소진은 왕들을 만나 이렇게 말했어요.
"진에 맞서려면 뭉쳐야 합니다. 북쪽에 있는 연에서부터 남쪽에 있는 초까지 여섯 나라가 군사 동맹을 맺으면 진이 감히 침략할 수 없을 것입니다."
어때요? 그럴듯하지요. 여섯 나라가 똘똘 뭉치면 진도 섣불리 움직일 수가 없을 거예요. 만약 진이 여섯 나라 중에서 한 나라를 침략하면 나머지 다섯 나라가 힘을 합쳐 진을 공격할 테니까요.
여섯 나라는 소진의 주장을 받아들여 군사 동맹을 만들었어요. 소진은 여섯 나라의 재상을 함께 맡았어요. 한 나라의 재상이 되는 것도 어려운데 여섯 나라의 재상을 한꺼번에 거머쥔 거예요.

합종책은 큰 효과를 거두었어요. 진이 더 이상 세력을 넓히지 못했어요. 진은 여섯 나라가 맺은 군사 동맹을 깨뜨려야 했어요. 바로 그때 장의가 등장했어요. 장의는 위 출신이었어요. 이 나라 저 나라를 떠돌아다니다 진의 관리가 됐고, 얼마 뒤에 재상이 되었어요. 장의는 진의 혜문왕에게 여섯 나라의 군사 동맹을 깨뜨릴 방법을 내놓았지요.

진에 대항해 군사 동맹을 맺은 여섯 나라 중에서 가장 강한 나라는 초와 제였어요. 장의는 이 두 나라가 군사 동맹에서 빠진다면 동맹이 무너질 거라 생각했어요.

장의는 초를 찾아가 왕을 만났어요.

"초의 왕이시여, 제와 군사 동맹을 끊고 진과 사이좋게 지내시는 게 어떻습니까? 그렇게 하면 진의 공주와 혼인을 하고, 영토도 얻으실 수 있습니다."

초의 왕은 이 말을 곧이곧대로 믿고, 제와 맺었던 군사 동맹을 끊었어요. 초는 진에 사신을 보내 진이 주겠다고 약속한 영토를 달라고 했어요. 하지만 진이 그 땅을 쉽게 내주겠어요? 장의는 시간을 질질 끌면서 사신을 만나 주지 않았어요.

몇 달이 지나서야 초의 왕은 장의에게 속았다는 걸 깨달았어요. 화가 난 초는 진을 공격했어요. 진은 제에 도움을 요청했어요. 제의

왕은 군사 동맹을 깨 버린 초를 괘씸하게 생각하고 있었으니 즉각 군대를 보냈지요.

이 전투는 진의 대승으로 끝났어요. 초는 영토와 동맹국을 모두 잃어 버렸어요. 초와 제는 적이 되었지요. 소진이 주장한 합종책이 큰 위기에 빠진 거예요.

그 뒤 장의는 합종책을 깨기 위해 다섯 나라를 돌면서 진과 따로 동맹을 맺도록 설득했어요.

"지금 진과 동맹을 맺어야 합니다. 진과 동맹을 맺은 나라는 안전할 것입니다. 하지만 동맹을 거부하는 나라는 멸망할 것입니다. 어서 동맹을 맺도록 하세요."

결국 나머지 나라는 모두 진과 동맹을 맺었어요. 연횡책이 대성공을 거둔 것이지요. 소진의 합종책을 받아들여 맺은 군사 동맹은 결국 사라지게 되었지요.

어때요? '뭉치면 살고 흩어지면 죽는다!'는 것을 알 수 있어요. 진과 따로따로 동맹을 맺은 여섯 나라는 결국 멸망하고 말았지요. 합종책과 연횡책을 합친 말인 합종연횡은 오늘날에도 많이 쓰는 말이에요. 주로 정치인들이 많이 쓰지요. 선거 때 정치인들이 뭉쳤다가 흩어지는 일을 많이 볼 수 있어요. 이럴 때 '정치인들이 합종연횡을 한다!'고 말한답니다.

이제 진은 거칠 것이 없었어요. 전국 시대를 끝내고 중국을 통일할 일만 남은 거예요.

진이 춘추·전국 시대를 끝냈어요

춘추·전국 시대에는 농업뿐만 아니라 상업도 발전했어요. 여러 나라를 오가며 무역을 하는 상인도 많았지요. 그중에는 엄청난 부자가 된 상인도 있었어요. 이런 상인들을 '거상' 또는 '대상'이라고 불러요. 전국 시대를 대표하는 거상은 '여불위'예요. 여불위는 나중에 진의 재상이 되었어요. 여불위가 진의 재상이 된 이야기를 들려줄게요.

여불위가 무역을 하려고 조에 갔을 때였어요. 그곳에서 진의 왕자 자초를 우연히 만났지요. 자초는 진의 왕비가 아닌 후궁이 낳은 왕자였기에 조에 인질로 잡혀 온 거였어요. 만약 조와 진이 전쟁을 하게 되면 조에서 가장 먼저 자초를 죽이겠지요?

여불위는 자초를 보고 모험을 하기로 했어요. 자초를 진의 왕으로 만들기로 한 거예요. 그렇게 하면 자초는 여불위의 은혜를 잊지 않을 것이고, 여불위는 진에서 권력을 잡을 수 있을 테니까요.

여불위는 자초를 진의 왕으로 세우기 위해 백방으로 뛰어다녔어요. 진의 귀족들을 찾아다니며 자초가 왕이 될 재목이라고 했고, 왕실의 큰 어른을 찾아 자초를 지원해 달라고 설득했어요.

마침내 여불위의 도움을 받은 자초가 진의 왕이 되었어요. 여불위는 재상이 되었지요. 한낱 장사꾼이던 여불위가 진의 정치를 좌지우지하는 정치 거물이 된 거예요.

기원전 246년, 자초가 왕이 된 지 3년 만에 세상을 떠났어요. 이어 열세 살 된 그의 아들 정이 왕이 되었어요. **정이 바로 중국을 처음으로 통일한 시황제랍니다.** 나이 어린 정은 여불위를 '국부'라고 부르며 따랐어요. 여불위의 권력이 더욱 강해졌지요.

여불위는 강대국이면 군사력을 키우는 것도 중요하지만 나라의 문화 수준을 높이는 것도 아주 중요하다고 생각했어요. 여불위는 곧 학자들을 불러 모았어요. 학자들에게 잠잘 자리를 내어 주고, 먹을 것을 주었으며, 두둑한 용돈까지 주었지요. 여불위가 불러 모은 학자가 3000명이 넘었다고 해요.

여불위는 학자들에게 그때까지 중국에 전해져 내려오는 모든 학문과 사상을 정리해 백과사전을 만들라고 했어요. 마침내 26권으로 된 백과사전이 완성되었어요. 이 책이 〈여씨춘추〉예요. 여불위가 〈여씨춘추〉를 얼마나 자랑스러워했는지 전해오는 이야기가 있어요.

> 여불위는 아무도 〈여씨춘추〉를 능가하는 책을 만들지 못할 거라고 큰소리쳤어요. 그는 성문에 〈여씨춘추〉를 늘어놓고는 이렇게 방을 붙였어요.
> "이 책에서 단 한 글자라도 보탤 수 있거나 틀린 글자를 단 한 자라도 찾아내는 사람에게는 천금을 주겠다."

대단한 자신감이지요? 실제로 아무도 〈여씨춘추〉를 고치지 못했대요.

　이 이야기에서 탄생한 사자성어가 바로 일자천금(一字千金)이랍니다. 글자 하나의 값이 천금의 가치가 있다는 뜻이지요. 요즘에도 빼어난 글씨나 문장을 가리킬 때 이 말을 종종 쓰지요.

　그 뒤 시간이 흐르면서 정은 막강한 권력을 휘두르는 여불위를 싫어하게 되었어요. 정은 여불위를 비롯해 권력을 넘보는 신하들을 모두 없애고 강력한 왕이 되었어요. 나라의 힘을 키운 정은 주변 국가에 대한 정복 전쟁에 나섰어요.

기원전 230년, 진은 한으로 쳐들어갔어요. 한은 진과 붙어 있었어요. 전국 7웅 가운데 가장 약한 나라였지요. 게다가 한에는 대표적인 법가 학자인 한비가 있었어요. 정은 한비를 곁에 두고 싶어 한을 쳤던 거예요.

한의 정복을 시작으로 다른 나라들도 하나씩 정복하기 시작했어요. 진은 2년 뒤 조를 정복했어요. 아버지 자초가 인질로 잡혀 있던 바로 그 나라였지요. 조에 이어 위, 초, 연을 차례로 정복했어요. 이제 제만 남았지요.

기원전 221년, 정의 군대가 제마저 정복했어요. 진나라가 마침내 중국을 통일한 거예요. 더불어 550년 만에 춘추·전국 시대도 끝이 났지요. 이때가 로마가 이탈리아를 통일하고 약 50년이 흐른 뒤였어요. 로마가 기원전 272년에 이탈리아를 통일했거든요. 동양과 서양에서 강력한 통일 국가가 비슷한 시기에 탄생했다는 것이 신기하지요.

 고조선이 무럭무럭 성장하고 있었어요

중국에서 춘추 5패와 전국 7웅이 중국을 차지하려고 다투는 동안 우리나라에서는 무슨 일이 벌어지고 있었을까요? 우리나라 최초의 국가 고조선이 발달하고 있었어요. 춘추 시대인 기원전 7세기쯤 만들어진 중국 역사서 〈관자〉에 고조선이란 이름이 등장해요. 이 무렵 고조선이 중국에도 알려져 있었다는 뜻이지요. 전국 시대인 기원전 3세기쯤 만들어진 〈산해경〉이란 고대 지리서에도 고조선이 발해만 북쪽에 있었다고 나오지요.

고조선은 중국 요동과 한반도 서북부 지역에 있는 여러 부족이 어우러진 나라였어요. 처음에는 왕이 없이 군장이 나라를 다스리다가 점차 주변 지역의 나라와 합쳐져 '부족 연맹 왕국'으로 발전했을 거라고 보고 있어요. 한반도 북쪽에 있던 고조선은 기원전 4세기 무렵 한반도 중심으로 옮겨 왔어요. 그때가 춘추 시대에서 전국 시대로 넘어간 뒤였어요. 어떻게 아냐고요. 이 무렵부터 우리나라 여기저기에서 발견되는 세형동검이 중국에서는 별로 발견되지 않거든요. 이것이 중국과 한반도가 따로따로 발전했다는 증거랍니다.

이 무렵의 고조선은 아주 강한 나라였어요. 고조선은 전국 7웅 중 하나인 연과 국경이 붙어 있었는데, 자주 전투를 벌였어요. 중국의 역사서에 '연 동쪽의 고조선 사람들은 잔인하고 교만하다'라는 기록이 남아 있어요. 고조선이 상당히 용맹했기에 이런 기록이 남은 것이겠지요? 싫어하는 사람을 나쁘게 말하는 것처럼 연을 번번이 괴롭히는 고조선이 싫어서 나쁘게 묘사했을 거예요.

　고조선의 법률인 8조법도 이 무렵 만들어진 것으로 보고 있어요. 8조법 가운데 3개 조항이 오늘날까지 남아 있어요. 첫째가 사람을 죽이면 사형에 처하고, 둘째가 다른 사람에게 해를 끼치면 곡식으로 배상해야 하며, 셋째가 도둑질하면 노비로 만들거나 그만큼 돈을 물어내야 한다는 것이지요. 8조법을 보면 이 무렵의 고조선에는 신분이 정해져 있다는 걸 알 수 있어요. 또한 대대로 왕의 신분을 자식에게 물려준 것으로 보고 있어요. **중국이 춘추·전국 시대의 혼란을 거듭하는 동안 고조선도 꾸준히 발전하고 있던 셈이지요.**

지도 위 세계사

산시 성 시안에서 만나는 고대 중국

산시 성의 시안은 주의 도읍지였어요. 그땐 호경이라고 했어요.
많은 중국 왕조의 수도가 시안 근처에 있었지요.
시안에 있는 고대 중국의 유적지를 살펴보아요.

셴양

시안 · 화칭츠지 · 진시황릉과 병마용 갱
아방궁 터 · 출발
산시 역사 박물관

상뤄

산시 역사 박물관

산시 지역의 역사를 모아 놓은 박물관이에요. 37만 점이 넘는 유물을 소장하고 있어요. 구석기 시대부터 19세기의 유물까지 전시하고 있는데, 춘추·전국 시대 진나라 역사도 잘 정리되어 있어요.

박물관에 전시된 주의 청동기

진시황릉과 병마용 갱

시안 시외에 있는 리산 기슭에 있어요. 진시황의 무덤은 개인 무덤으로는 세계에서 가장 커요. 병마용 갱은 진시황릉 무덤 근처에서 발견했어요. 병마용은 진시황이 죽은 뒤 진시황을 호위하기 위해 만든 군대예요.

화칭츠지

웨이난

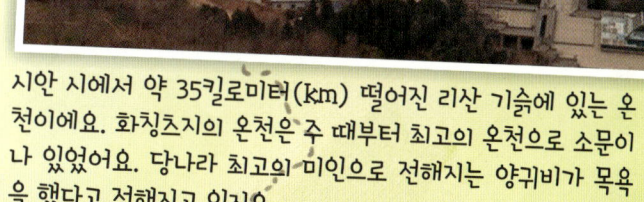

시안 시에서 약 35킬로미터(km) 떨어진 리산 기슭에 있는 온천이에요. 화칭츠지의 온천은 주 때부터 최고의 온천으로 소문이 나 있었어요. 당나라 최고의 미인으로 전해지는 양귀비가 목욕을 했다고 전해지고 있지요.

아방궁 터

시안 시 서쪽 아방 촌에 있어요. 아방궁은 시황제가 세운 궁전이에요. 아방궁은 길이가 무려 700미터(m)에 이르고 1만 명이 들어갈 수 있는 크기였다고 전해지고 있어요. 지금은 아방궁 터에 아방궁을 작게 만들어 놓은 건물을 전시하고 있어요.

7장
동양과 서양 철학이 활짝 피다

춘추·전국 시대에는 셀 수도 없이 많은 사상가가 나타났어요.
이러한 사상가를 제자백가라고 해요.
제자백가들이 소리를 높여서 토론하고 논쟁하는 시대라고 하여
춘추·전국 시대를 '백가쟁명'의 시대라고도 불렀어요.
백가쟁명은 기원전 6세기부터 기원전 3세기 사이에 두드러졌어요.
이때 만들어진 사상과 철학은 '동양 철학'의 뿌리로
오늘날까지 영향을 미치고 있어요. 똑같은 시기에 서양에서도
서양 철학의 뿌리가 만들어졌어요. 인도에서는 불교가 탄생했어요.
이번 장에서는 동양 철학과 서양 철학에 대해 알아보아요.

기원전 384년경	기원전 372년경	기원전 369년경	기원전 298년경	기원전 280년경
철학자 아리스토텔레스 탄생	유가 사상가 맹자 탄생	도가 사상가 장자 탄생	유가 사상가 순자 탄생	법가 사상가 한비 탄생

공자가 유가를 만들었어요

유가를 창시한 공자는 세계 4대 성인 중 한 명이에요. 성인은 지혜와 덕이 매우 뛰어나 길이 우러러 본받을 만한 사람을 말하는데, 세계 4대 성인은 공자를 비롯해 불교를 창시한 석가모니, 크리스트교를 창시한 예수, 이슬람교를 창시한 무함마드를 가리켜요.

공자의 말씀을 담은 책이 〈논어〉예요. 유교에서는 〈논어〉를 비롯해 〈맹자〉, 〈대학〉, 〈중용〉을 합쳐서 '사서'라고 한답니다. 이 사서는 유교의 4대 경전으로 불려요. 공자는 노년에 고향에 머물면서 제자들을 가르쳤어요. 이때 공자와 제자들이 쓴 책 중에서 중요한 다섯 가지를 뽑아 '오경'이라고 했어요. 오경은 보통 〈시경〉, 〈서경〉, 〈역경〉, 〈춘추〉, 〈예기〉를 가리켜요. '사서'와 '오경'을 합쳐서 '사서오경'이라고 해요.

유가는 중국뿐만 아니라 동아시아 여러 나라에서 가장 중요한 학문이고, 나라를 다스리는 데 근본이 되었지만 춘추·전국 시대에는 제자백가 가운데 하나일 뿐이었어요. 제자백가는 수많은 사상가와 학파를 가리키는 말로, 춘추·전국 시대에는 유가를 비롯해 도가, 법가, 묵가 등 수많은 사상이 만들어졌어요.

유가를 창시한 공자는 춘추 시대 노나라 사람이에요. 노는 춘추 5패에 끼지 못한 작은 나라였어요. 하지만 주 왕실의 자손이 세웠고, 거리도 주와 가까웠으며 주의 전통과 문화를 가장 잘 보존하고 있었지요.

공자는 춘추 시대 후반기인 기원전 500년에서 기원전 400년 사이에 활동했어요. 공자는 세상이 혼란스러운 것은 주의 예법과 전통이 사라졌기 때문이라고 여겼어요. 주의 예법과 전통을 세운 주공처럼 현명한 사람이 나타나면 평화가 찾아올 거라고 믿었지요.

공자는 어질고 현명한 제후를 찾아 중국을 떠돌아다녔어요. 제후를 만나면 자신의 생각을 열심히 설명했지요. 하지만 어느 제후도 공자의 사상을 이해하지 못했어요.

공자는 14년간 떠돌아다니다 결국 고향으로 돌아와 제자들을 가르쳤어요.

공자 사상의 핵심은 '인'과 '예'예요. 인은 어짊을 뜻하는 말로, 다른 사람을 사랑하는 마음을 가리켜요. 예는 예절이나 예의를 뜻하는 말이에요. 공자는 왕이 백성을 사랑하는 어진 마음을 가지고, 덕으로 나라를 다스리는 게 올바른 정치라고 했어요. 이것을 '덕치'라고 한답니다.

공자의 가르침에 따르려면 백성들도 해야 할 일이 있어요. 바로 예를 배워야 해요. 예는 사람이 마땅히 지켜야 할 도리로, 사람이 어떤 입장에서 마땅히 해야 할 바른길을 가리켜요. 왕은 왕의 도리, 신하는 신하의 도리, 백성은 백성의 도리, 부모는 부모의 도리, 자식은 자식의 도리를 알아야 한다는 거지요. 이렇게 모두가 자기가 맡은 일을 열심히 하면 나라의 질서는 저절로 잡힌다는 게 공자의 주장이에요. 공자가 예를 얼마나 중요하게 여겼는지 알려 주는 말이 있어요. 바로 '예가 아니면 보지도 말고, 예가 아니면 듣지도 말고, 예가 아니면 말하지도 말고, 예가 아니면 행동하지도 마라'는 말이지요.

공자는 또 '수신제가치국평천하(修身齊家治國平天下)'라는 유명한 말을 남겼어요. 이 말은 '사람은 자기 몸과 마음부터 닦고 수양해야 하고, 그 다음에는 집안과 가족을 돌봐야 하며 이 모든 도리와 본분을 다 한 후에야 나라를 다스리면 천하를 평정할 수 있다'라는 뜻이에요.

맹자와 순자가 공자의 뒤를 이어 유가를 발전시켰어요

공자가 세상을 떠나자 여러 제자가 그의 학문을 계승했어요. 그런 인물 가운데 가장 유명한 인물이 맹자예요. 맹자는 전국 시대 초반에 활동했어요. 맹자의 사상이 담긴 〈맹자〉는 〈사서〉 중 하나예요. **맹자를 공자 다음 가는 성인이란 뜻으로 '아성'이라고 부르기도 한답니다. 공자와 맹자를 합쳐 '공맹'이라고도 부르지요.** 유가에서 맹자가 얼마나 중요한 인물인지 알겠지요?

맹자와 관련된 사자성어가 여럿 있어요. 그중 대표적인 것이 '맹모삼천(孟母三遷)'이에요. 이 말은 '맹자 어머니의 세 번 이사에서 얻는 교훈'이라는 뜻이에요. 이 사자성어가 나온 배경을 들려줄게요.

맹자는 아버지가 일찍 죽는 바람에 홀어머니와 공동묘지 주변으로 이사 갔어요. 어린 맹자는 관을 들고 가면서 우는 시늉, 땅을 파고 관을 묻는 시늉을 하면서 놀았어요. 늘 보던 게 그런 거였으니까요. 맹자의 어머니는 공동묘지 주변에서 사는 것이 맹자를 교육하는 데

좋지 않다고 생각해 이사를 했어요.

새 집은 시장 주변에 있었어요. 어린 맹자는 늘 상인들 흉내를 내면서 놀았지요. 맹자의 어머니는 다시 이사를 했어요.

이번에는 서당 주변이었어요. 어린 맹자는 공부하는 모습을 흉내 내기 시작했어요. 그제야 맹자 어머니는 마음을 놓았어요. 맹자의 어머니는 맹자의 교육을 위해서 세 번씩이나 이사를 한 거지요.

맹자 어머니의 교육열이 아주 높았지요? 어쩌면 맹자가 공자 다음 가는 성인이란 평가를 받을 수 있었던 게 어머니 덕분일 거예요. 자, 이제 맹자의 사상에 대해 알아볼까요?

맹자는 성선설과 왕도 정치를 주장했어요. 성선설은 사람이 본래 착하게 태어났다는 사상이에요. 맹자는 사람의 착한 본성이야말로 인간이 동물과 가장 다른 점이며, 착한 본성만 제대로 북돋워 주면 혼란스러운 세상에 평화가 올 수 있다고 생각했어요. 성선설에 따라 정치를 하면 나라를 잘 다스릴 수 있다고 했어요. 그게 바로 왕도 정치예요. 왕도 정치는 왕이 '인'과 '의', 즉 '어짊과 의로움'으로 백성들을 다스려야 한다는 거예요.

공자가 주장했던 덕치와 비슷해요. 하지만 다른 점이 있어요. 공자는 각자의 신분에 맞는 도리를 다하라고 했어요. 왕은 왕의 도리를 해야 하고, 신하는 신하의 도리를 해야 한다고 한 거예요. 하지만 맹자는 아니었어요. 맹자는 왕보다 백성이 더 중요하다고 주장했어요. 왕은 백성이 잘살도록 도와야 한다고 했답니다.

맹자는 왕의 자리를 자식에게 물려주는 것도 반대했어요. 가장 현명한 사람이 왕이 되어야 한다는 거지요. 만약 왕이 백성들을 괴롭히는 폭군이라면 어떻게 해야 할까요? 맹자의 말을 직접 들어볼까요.

"인과 의를 해치는 자는 왕이 아니다. 하늘이 버린 평민일 뿐이다. 그런 사람을 왕의 자리에서 몰아내는 것은 지극히 당연하고 정당하다.

왜냐고? 백성이 가장 중요하기 때문이다."

어때요, 놀랍지 않나요? 왕이 무엇이든 마음대로 할 수 있다고 생각하던 시대에 왕을 쫓아낼 수 있다는 주장을 하다니……. 맹자도 공자처럼 여러 나라를 돌며 자신의 생각에 따라 정치를 하면 나라가 부강해질 것이라고 호소했어요. 하지만 당시 제후들은 천하를 통일하여 왕이 되는 데에만 관심이 있었어요. 그런데 백성이 왕보다 중요하다고 하니 어느 왕이 맹자의 주장을 받아들이겠어요? 결국 맹자도 나이가 들어서는 고향으로 돌아와 제자를 키웠어요.

유가 중에 마지막으로 살펴볼 사상가는 순자예요. 순자는 전국 시대 말기에 활동한 매우 현실적인 사상가예요. **순자는 맹자와 반대로 성악설을 주장했어요. 사람의 본성이 본래 나쁘다는 사상이지요.** 순자는 나쁜 본성이 겉으로 드러나지 않게 누르려면 예가 필요하다고 여겼어요. 만약 나쁜 본성을 누르지 못하면 그때는 법으로 다스려야 한다고 했지요.

순자는 유가 사상가였지만 법을 중요하게 여겼어요. 그 때문이었을까요? 순자의 제자였던 한비와 이사는 나중에 대표적인 법가 사상가로 자리매김한답니다. 스승은 유가 사상가인데, 제자는 법가 사상가인 거지요. 순자가 유가와 법가의 돌다리 역할을 한 셈이에요.

상앙과 한비가 법가를 발전시켰어요

법가는 도덕보다도 법을 중하게 여겨 죄를 지은 사람에게 엄한 형벌을 내리는 것이 나라를 다스리는 기본이라고 주장하는 학파예요.
대표적인 학자로는 상앙, 한비, 이사 등이 있지요.

상앙은 전국 시대에 활동한 사상가예요. 원래 위의 귀족 출신으로, 진에서 재상을 했답니다. 상앙은 진의 왕에게 무엇보다 어지러운 정치를 바로잡아야 하며, 이를 위해 법을 고쳐야 한다고 말했어요. 진의 왕은 상앙에게 개혁을 맡겼어요. 하지만 상앙의 개혁은 쉽지 않았어요. 새 법이 시행되면 손해를 볼까 봐 귀족들이 싫어했거든요. 상앙은 먼저 백성의 마음부터 얻기로 했어요. 새로운 법이 백성들의 생활에 도움이 된다는 점을 먼저 알린 거예요. 이에 대한 이야기가 전해요.

어느 날, 상앙은 수도 남문에 7미터(m) 안팎의 나무 기둥을 가져다 놓았어요. 그 기둥 옆에는 이런 방을 붙여 놓았지요.
"이 기둥을 북문으로 옮기는 자에게는 금 10냥을 주겠다."
별로 어렵지도 않은 일에 금 10냥이라니! 백성들은 장난인 줄 알고 무시했어요. 그러자 상앙은 상금을 금 50냥으로 올렸어요. 10냥도 많은데, 50냥이라니! 이번에도 백성들은 장난이라며 무시했어요. 하지만 백성 하나가 혹시나 하는 마음에 나무 기둥을 북문으로 옮겼어요. 상앙은 약속한 대로 금 50냥을 백성에게 줬지요.

백성들이 모두 놀랐어요.

상앙은 '새 법을 따르면 이처럼 이익을 얻게 된다!'는 뜻을 백성에게 널리 알린 거예요. 그 뒤 상앙은 새 법을 즉시 공포했어요.

얼마 뒤, 왕자가 중한 죄를 지은 죄인을 숨겨 준 일이 밝혀졌어요. 새 법에 따르면 태자는 사형에 처해야 해요. 하지만 다음에 왕이 될 왕자를 사형시킬 수 없었어요. 더구나 왕자는 처벌할 수 없다는 규정이 있었어요. 귀족들은 "상앙이 잘난 척하더니 절대 해결할 수 없는 일이 터졌다."라며 빈정거렸어요.

상앙은 왕족도 법을 어기면 처벌받는다는 사실을 백성들에게 알리고 싶었어요. 그래야 백성은 물론 귀족도 법을 지킬 테니까요.

고민 끝에 상앙은 이런 판결을 내렸어요.

"왕자의 잘못은 왕자를 모시는 신하들이 제대로 모시지 못했기 때문에 일어난 것이다. 그러니 왕자를 모시던 신하들의 코를 베어라! 또한 왕자를 가르치는 스승이 제대로 가르치지 못한 탓도 있다. 왕자 스승의 이마에 칼자국을 내서 먹으로 죄명을 새겨 넣어라!"

귀족들은 말문이 막혔어요. 이처럼 철두철미하게 법과 원칙을 지키는데, 항의할 수 없었지요.

상앙이 나라를 다스릴 때 법으로 다스려야 한다고 생각한 까닭은 무엇일까요? **법으로 나라를 다스려야 귀족의 힘이 약해지고, 왕의 권력이 강해질 것이며 그래야 나라의 힘도 강해질 수 있다고 생각했기 때문이에요.**

한비는 전국 시대 말기에 활약한 사상가예요. 한나라 사람이지요. 한비는 법가 사상을 체계적으로 정리했어요. 한비의 사상은 〈한비자〉라는 책에 담겨 있어요. 〈한비자〉는 왕이 어떠해야 하는지를 다룬 책이에요. 한비가 생각하는 가장 현명한 왕은 어떤 사람인지 직접 들어볼까요?

"큰 불이 났다고 가정해 봅시다. 왕이 관리 몇 명에게 직접 가서 불을 끄라고 명령하는 게 옳을까요? 아닙니다. 그보다는 그 관리들이 백성들을 지휘해 불을 끄도록 하는 게 더 옳은 방법입니다. 왕은 지나치게 작은 것까지 따지는 것보다는 넓은 시야로 큰 그림을 그려야 합니다."

한비는 왕이 백성들을 가혹하게 다루거나 세금을 지나치게 걷으면 안 된다고 했어요. 그랬다가는 반란이 일어날 수 있다는 거지요. 한비는 예를 들어 이를 설명했어요.

"지시를 따를 때는 마실 물을 주고, 안 따를 때는 마실 물을 주지 않는 방법으로 길을 들인 말이 있었습니다. 어느 날, 그 말이 연못 주변에 도착했는데, 다짜고짜 연못 쪽으로 달려갔습니다. 그동안 목이 마른 것을 억지로 참고 있었던 거지요. 백성들도 마찬가지입니다. 억지로 못하게 해서는 안 됩니다. 그랬다가는 결국에는 실패하고 말지요."

노자와 장자가 도가를 세웠어요

공자가 살던 바로 그 시대에 초나라에 노자라는 사상가가 살고 있었어요. 노자가 도가의 대표적인 사상가랍니다. 노자가 만든 책이 도가의 경전인 〈도덕경〉이에요. 노자가 언제 태어났고 언제 죽었으며 어떤 신분이었는지는 알려져 있지 않아요.

노자 사상의 핵심은 '무위'랍니다. 무위는 '아무것도 하지 않는다'라는 뜻이에요. 다시 말해 무엇을 하려고 억지로 애쓰지 말고 있는 그대로 내버려 두라는 거예요. 노자는 왕에게도 백성을 다스리려고 애쓰지 말고, 백성의 일을 간섭하지 않고 내버려 두라고 했어요.

왜 노자는 무위를 주장했을까요? 노자는 세상 모든 것의 근본을 '도'라고 했고, 이 도를 깨우쳐야 한다고 했어요. 그러려면 아무것도 하지 않는 무위를 실천해야 한다고 생각한 거예요. 좀 어렵지요? 여러분은 노자가 무위를 주장했다는 것만 기억하면 돼요.

도가에서는 노자만큼 유명한 사상가가 있답니다. 바로 장자예요. 노자는 공자와 비슷한 시대에 살았다고 했지요? 그런데 신기하게도 장자는 맹자와 비슷한 시대에 살았어요. 노자와 장자의 사상을 합쳐 '노장 사상'이라고 하지요. 장자의 대표적인 책은 〈장자〉예요. 이 책은 〈도덕경〉과 함께 도가의 대표적인 경전이에요. 특히 〈장자〉는 문학적으로 높은 평가를 받고 있지요.

  장자는 노자의 무위 사상에서 한발 더 나아가 '이 세상의 모든 제도는 가치가 없다'고 주장했어요. 심지어 도를 깨우치고 싶다면 세상 사람들처럼 생각해서는 안 된다고 했지요. 〈장자〉에 실린 이야기를 하나 들려줄게요.

  어느 날, 장자의 부인이 세상을 떠났어요. 평생을 함께한 부인이 죽었으니 보통 사람들은 대성통곡을 하겠지요? 하지만 장자는 그러지 않았어요. 부인의 관 옆에 앉아 대야를 두드리며 노래를 불렀어요. 정말 별난 사람이지요? 친구가 노래를 부르는 이유를 장자에게 물었어요. 장자의 대답은 이랬어요.
"나도 마음이 아프다네. 하지만 자연을 보게나. 겨울이 끝이 아니네. 겨울이 끝나면 다시 봄이 오는 법이지. 모든 것은 돌고 도는 것이라네. 아내도 마찬가지일세. 삶에서 죽음으로 모습만 바뀌었을 뿐이지. 그러니 울 필요가 없지 않겠나."

  〈장자〉에 수록된 또 하나의 유명한 이야기를 들려줄게요.

  어느 날 장자가 꿈을 꿨어요. 꿈속에서 장자는 나비였어요. 나비가 된 장자는 춤을 추듯 꽃과 꽃 사이를 훨훨 날아다니며 즐거운 시간을 지내다 홀연히 잠에서 깼어요.
  누구라도 잠에서 깨어나면 멍해질 수 있어요. 아직 꿈속에 있는 것

같은 생각이 들 때도 있어요. 장자도 그랬던 것일까요? 장자는 이런 생각을 했어요. '사람인 내가 나비가 된 꿈을 꾼 것일까? 아니면 나비가 사람이 되는 꿈을 지금 꾸고 있는 것일까? 어느 쪽이 진짜 현실일까?'

장자는 나비 꿈을 통해서 무슨 이야기를 하고 싶었던 것일까요? 사람이 나비와 하나인 것처럼 세상에 있는 것들도 어쩌면 하나라는 이야기일 거예요. 마찬가지로 꿈과 현실도 구분이 없고, 삶과 죽음도 하나라는 거예요. 지금 이 세상에서 살아가면서 보고, 듣고, 느끼고, 생각하는 모든 것이 결국에는 다 같은 거라는 장자의 사상이 보이지요? 또 다른 이야기를 해 볼게요.

어느 날 장자가 나뭇가지에 앉아 있는 까치를 발견했어요. 장자는 까치를 잡으려고 조용히 새총을 당겼어요. 바로 그 순간 장자는

나뭇가지 위에 앉아서 두 다리를 쳐들고 있는 사마귀를 보았어요. 그 사마귀는 매미를 노려보고 있었지요. 매미는 사마귀가 노리고 있는 것도 모르고 그저 맴맴 대며 울어대고 있었어요.
그런데 장자가 잡으려고 하는 까치는 사마귀를 노리고 있었어요. 까치는 장자가 새총을 겨누고 있는 것도 모르고 사마귀를 보며 군침을 흘리고 있었지요.
상상해 보세요? 장자는 까치를 노리고, 까치는 사마귀를 노리고, 사마귀는 매미를 노리고, 매미는 아무것도 모르고 편안하게 맴맴 울고 있는 거예요.

장자가 이 이야기를 통해 하고 싶은 말이 무엇일까요? 바로 눈앞에 있는 이익 때문에 곧 닥칠 위험을 예상하지 못하는 어리석음을 풍자하고 싶었던 거예요. 이익을 얻으려면 눈을 크게 뜨고 사방을 살펴보아야 위험이 없겠지요?

도가에서는 유가의 가르침이 가능하지 않다고 생각해요. 유가에서 주장하는 인과 예는 사람들이 억지로 지켜야 하는 규범이기 때문에 사람의 본성을 거스르는 것으로 본 거예요. 사람의 본성은 오로지 자연의 법칙에 따라 살아가야 한다고 했어요. 그러니 세상을 잘 살려면 자연의 흐름에 몸을 맡기라고 했지요.

그리스, 자연 철학에서 소피스트 철학으로 발전했어요

고대 그리스에서 철학의 싹이 자라기 시작한 것은 기원전 6세기가 조금 지났을 무렵이에요. 그러니까 중국에서 공자가 유교를 가르치기 시작할 때와 비슷한 시기예요. 이때 그리스 철학자들은 소아시아의 이오니아 지역에서 활동했어요.

철학은 무슨 뜻일까요? 철학은 인간과 세계, 우주에 대한 근본 원리와 삶의 본질 따위를 연구하는 학문이에요. 하지만 기원전 6세기 이전까지만 해도 그리스 사람들은 철학에 대해 알지 못했어요. 사람과 세상의 모든 일은 신들이 결정한다고 생각했거든요. 쉽게 말해 세상 만물의 중심이 신이었던 거예요.

그런데 **소아시아 지역 출신의 철학자들이 만물의 중심은 신이 아니라 '자연'이라는 생각을 하기 시작했어요.** 신이 바람을 일으키고, 눈과 비를 뿌리며, 사계절을 바꾸는 게 아니라는 사실, 이 모든 것은 자연의 질서에 따라 일어난다는 것을 이해하기 시작한 거예요. 이게 바로 자연 철학이에요.

탈레스는 세상 만물의 근원을 물이라고 했어요.

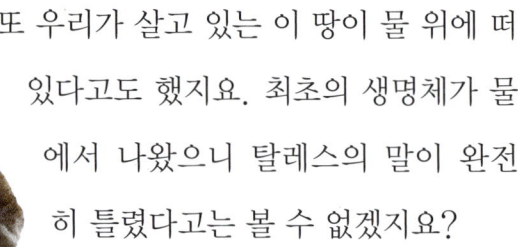

또 우리가 살고 있는 이 땅이 물 위에 떠 있다고도 했지요. 최초의 생명체가 물에서 나왔으니 탈레스의 말이 완전히 틀렸다고는 볼 수 없겠지요?

탈레스의 뒤를 이어 여러 자연 철학자가 나타났어요. 그중에 **아낙시만드로스는 만물의 근원을 '무한'이라고 했어요.** '무한'은 '시간이나 공간에 제한이 없는 것'을 가리켜요. 무한한 것에서 만물이 나오고, 그 만물이 나중에 무한한 것으로 돌아가며, 한참 후에 그 무한한 것에서 다시 만물이 나오고……. 아낙시만드로스의 철학은 나중에 천체 과학과 진화론에 영향을 미쳤어요. 좀 어렵지요? 아낙시만드로스가 만물의 근원이 '무한'이라고 했다는 것만 알아 두세요.

다른 자연 철학자들의 주장도 살펴볼까요? 아낙시메네스는 만물의 근원을 '공기'라고 했고, 헤라클레이토스는 만물의 근원을 '불'이라고 했어요. 데모크리토스는 만물의 근원을 '원자'라고 했으며 피타고라스는 만물의 근원을 '숫자'에서 찾았지요.

만물의 근원을 자연에서 찾은 자연 철학자에 비해 **논리학을 중요하게 여긴 철학자도 있었어요. 대표적인 인물이 제논이에요. 제논을 비롯한 논리학자들은 '역설'을 펼치기도 했어요.** 역설이란 말이 좀 어렵지요? 역설은 논리적으로 그럴듯하지만 실제로는 맞지 않는 말이에요. 예를 들어 제논은 '트로이 전쟁의 영웅 아킬레우스가 아무리 빠르다고 해도, 거북이가 먼저 출발하면, 논리적으로는 절대로 따라잡을 수 없다!'고 했어요. 이게 무슨 이야기일까요?

거북이가 아킬레우스의 10킬로미터(km) 앞에서 출발했고, 아킬레우스는 거북이보다 10배 빠르다고 가정해 볼게요. 아킬레우스가 10킬로미터(km)를 달려갔어요. 그사이에 거북이는 1킬로미터(km)를 갔겠

지요? 다시 아킬레우스가 1킬로미터(km)를 달려갔어요. 하지만 또 다시 거북이는 100미터(m)를 갔어요. 아킬레우스가 죽어라 100미터(m)를 달려갔어요. 거북이는 그사이에 10미터(m)를 앞서갔지요. 결국 영원히 아킬레우스는 거북이를 따라잡을 수 없어요.

논리적으로 맞는 것 같은데, 뭔가 현실과는 어긋나는 것 같지요? 이럴 때 종종 역설, 또는 패러독스라는 단어를 쓴답니다.

제논의 역설을 잘 들어보면 논리적으로 문제가 없는 것 같지요? 하지만 사실은 상당히 큰 오류가 있어요. 제논의 역설에는 시간이 포함돼 있지 않아요.

과학에서는 움직이는 속도와 움직인 시간을 곱해서 이동한 거리를 알아내요. 그런데 제논은 자기 논리를 강조하기 위해 이 시간을 뺐어요. 시간이 포함되지 않았으니 아킬레우스는 영원히 거북이를 따라잡을 수 없었던 거지요. 그래도 제논의 역설은 훗날 논리학과 변증법에 큰 도움을 줬어요.

서양 철학은 이처럼 자연 철학과 논리학에서 출발했어요. 하지만 얼마 지나지 않아 주제가 '사람'으로 바뀌지요.

기원전 5세기 후반으로 접어들면서 서양 철학의 중심지가 소아시아에서 그리스 본토로 옮겨 갔어요. 이때 **프로타고라스라는 철학자가 등장하는데, 그는 '인간이 만물의 척도다'라는 명언을 남겼어요.** 이 말은 세상 만물을 판단할 때 인간을 기준으로 삼아야 한다는 뜻이에요.

비로소 철학자들이 인간을 철학의 중심에 놓고 고민하기 시작한 거예요. 이런 철학자들을 소피스트라고 불렀어요. 소피스트는 '현명한 사람'이란 뜻이지요.

소피스트들은 잘못된 사회 문제도 비판했어요. 이를테면 노예 제도를 없애야 한다거나 평민의 권리를 더 보장해야 한다고 주장한 거예요. 하지만 소피스트를 비판하는 철학자들도 많았어요. 소크라테스도 그중 한 명이에요.

소크라테스는 소피스트들이 돈을 벌기 위해 부잣집 아들에게 출세하는 기술만 가르친다고 비판했어요. 소피스트들이 철학자인 척하는 거지 실제로는 장사꾼이나 다름없다고 혹평하기도 했지요.

소크라테스, 플라톤, 아리스토텔레스가 그리스 철학을 완성했어요

소크라테스는 기원전 5세기 후반에 그리스에서 활동했던 철학자예요. 위대한 서양 철학자로 존경받고 있어요. 그의 제자인 플라톤, 플라톤의 제자인 아리스토텔레스에 이르러 그리스 철학이 완성되었어요. 이 세 철학자의 노력으로 오늘날의 서양 철학이 탄생한 셈이지요. 우선, 소크라테스부터 살펴볼까요?

소크라테스는 주로 대화를 통해 진리를 가르쳤는데, 이 방법을 '산파술'이라고 해요. 산파는 아이를 낳을 때 도와주는 사람을 뜻하지요. 요즘에는 병원에서 아이를 낳지만 과거에는 집에서 산파의 도움을 받아 아이를 낳았어요. 소크라테스는 아이를 잘 낳을 수 있도록 도와주는 산파처럼 사람들이 스스로 진리를 깨달을 수 있도록 계속 질문을 하면서 도와주었어요. 산파술의 예를 하나 들려줄게요.

소크라테스는 늘 허름한 옷차림으로 광장에 나가 젊은이들과 논쟁을 즐겼어요. 어느 날, 민주 정치가 옳다고 주장하는 한 젊은이에게 소크라테스가 물었어요.
"민중은 어떤 사람들인가?"
"가난한 사람들입니다."

"가난한 사람들은 어떤 사람들인가?"

"돈이 부족해서 생활에 쪼들리는 사람들입니다."

"부자들도 돈에 쪼들릴 때가 있지 않은가?"

"그렇습니다."

"그렇다면 부자들도 민중이 되는 건가?"

젊은이는 우물거릴 수밖에 없었어요. 이 젊은이는 소크라테스와 대화를 하면서 지금까지 당연하다고 여겼던 것이 당연하지 않을 수도 있다는 사실을 깨달았어요. '아, 이렇게도 생각할 수 있구나!'라며 새로운 진리를 깨닫도록 소크라테스가 도움을 준 거지요.

이번엔 소크라테스의 제자였던 플라톤의 이야기를 해 볼까요?

플라톤은 소크라테스가 신을 모독하고 젊은이들을 타락시켰다는 혐의로 목숨을 잃자 큰 충격을 받았어요. 그 뒤로 그리스 전 지역을 떠돌아다니다가 아테네로 돌아와 학교를 만들었어요. 이 학교의 이름이 '아카데메이아'예요. 오늘날 학술 기관을 '아카데미'라고 하는데, 이 시초가 아카데메이아였지요. 공자와 맹자가 그랬던 것처럼 플라톤 또한 나이가 들어서는 제자들을 가르치면서 살았답니다.

아리스토텔레스는 아카데메이아에서 공부한 플라톤의 제자예요. 아리스토텔레스는 마케도니아 출신으로 세계를 정복한 알렉산드로스 대왕의 스승으로도 유명하지요.

플라톤 철학의 핵심은 '이데아'예요. 이데아란 사람들이 눈으로 볼 수 없는 참된 세계를 가리키는 말이에요. 플라톤은 우리가 살아가는 세계는 진짜 세계가 아니라고 말했어요. 다시 말해 참된 세계가 아니라는 거지요. 참된 세계는 오로지 철학과 지성으로만 깨달을 수 있다고 했어요. 어렵지요? 플라톤은 이 개념을 쉽게 설명하기 위해 '동굴의 비유'를 사용했어요. 동굴의 비유에 대해 들려줄게요.

동굴 속에 죄수가 있어요. 죄수는 아주 오랫동안 동굴 안에 갇혀 살아 사람의 실제 모습도 잘 기억하지 못해요. 죄수는 동굴 안쪽만 볼 수 있도록 묶여 있었고, 죄수의 등 뒤로는 사람이 서 있어서 그 그림자가 동굴 안쪽에 비춰졌어요.

죄수는 그 그림자가 진짜 모습이라고 생각했어요. 물론 진짜는 그림자의 주인인 사람인데, 그걸 깨닫지 못한 거지요.

플라톤의 철학에서 이 그림자는 눈에 보이는 현실 세계(현상)를 상징해요. 만약 그 죄수가 철학과 지성을 통해 깨달음을 얻었다면 진짜 사람(참된 세계인 이데아)이 있고, 그 사람의 그림자가 동굴 벽에 비친 것이란 사실을 알게 되겠지요. 그러나 깨달음을 얻지 못하면 가짜인 그림자를 진짜 사람의 모습으로 착각하면서 살 거예요.

이데아 철학은 참으로 어려워요. 그러니 이 정도만 이해해도 여러분의 철학 수준은 상당히 높아졌다고 할 수 있어요.

하지만 이데아 철학에 대해 플라톤의 제자인 아리스토텔레스는 옳지 않다고 했어요. **아리스토텔레스는 '스승은 이데아에 진리가 있다고 했지만 우리가 사는 현실에도 이상적인 세계가 있다'고 했어요.**

플라톤과 아리스토텔레스는 사회나 정치를 바라보는 생각도 달랐어요. 플라톤은 민주주의를 크게 좋아하지 않았지요. 어질고 사리에 밝고 강력한 지도자인 '철인'이 국가를 통치해야 한다고 했어요. 이에 비해 아리스토텔레스는 지도자가 덕으로 통치해야 한다고 했어요. 동양 철학으로 치면 덕치나 왕도 정치와 비슷하지요. 또한 아리스토텔레스는 인간이 살아가는 궁극적인 목적은 행복이라고 했어요. 행복에 도달하려면 꾸준히 노력해야 한다고 했어요. 자전거를 잘 타려면 몇 번이고 넘어지면서 배우고 노력해야 하는 것처럼 말이지요. 또한 올바른 가치를 위해 착하게 사는 것이 필요하다고 했어요. 그래야 행복할 수 있다고 했지요.

조로아스터교와 불교도 탄생했어요

페르시아에서는 기원전 7세기 무렵 조로아스터교라는 종교가 탄생했어요. 조로아스터교는 '자라투스트라'라는 사람이 창시했어요. 자라투스트라는 조로아스터라고도 해요. 자라투스트라가 언제 태어나서 언제 죽었는지는 정확하게 몰라요. 그러니 조로아스터교가 언제 창시됐는지도 정확하지 않지요.

조로아스터교에서는 이 세상을 선의 신인 아후라 마즈다와 악의 신인 아리만의 대립으로 보았어요. 그리고 사람이 죽은 다음에 최후의 심판을 받는다고 해요. 페르시아 사람들은 아후라 마즈다를 믿으면 최후의 심판 때 천국으로 간다고 믿었어요. 조로아스터교의 가장 큰 특징은 '유일신 사상'이에요. 유일신 사상이란 하나의 신만 섬긴다는 뜻이지요. 이집트와 그리스만 해도 수많은 신을 섬겼어요. 그렇지만 조로아스터교에서는 아후라 마즈다를 유일신으로 섬겼으며 아후라 마즈다의 상징인 불을 숭배했어요. **조로아스터교는 유대교, 크리스트교, 이슬람교에 큰 영향을 주었어요.** 중국에까지 전파되었지요.

인도에서는 기원전 6세기에 불교가 탄생했어요. 불교는 석가모니가 창시했어요. 석가모니는 인간은 누구나 욕심을 버리고 바른 생각, 바른 말, 바른 행동을 하면서 정신을 집중하여 수행하면 세상의 모든 번뇌에서 해방되고 윤회의 속박에서 벗어나 해탈의 경지에 이를 수 있다고 했어요. 윤회는 수레바퀴가 끊임없이 구르는 것처럼 삶과 죽음을 그치지 않고 끊임없이 돌고 도는 일을 가리켜요. 불교를 믿는 사람들은 해탈을 하기 위해 노력한답니다.

석가모니는 히말라야 산맥 기슭의 작은 나라 카필라 왕국의 왕자였지요. 석가모니의 탄생에 얽힌 전설이 있어요.

> 석가모니가 태어났을 때 한 예언자가 나타나서 말했어요.
> "왕자가 자라서 왕위를 이으면 세계를 통일하는 왕이 될 것이다. 하지만 왕자의 지위를 버리고 궁궐을 떠나면 깨달음을 얻은 위대한 성자가 될 것이다."
> 부모라면 자식이 가난하고, 힘겨운 삶을 사는 성자보다 세상을 호령하는 영웅이 되기를 바랄 거예요. 석가모니의 아버지도 같은 마

음이었어요. 석가모니는 아버지의 뜻에 따라 궁궐에서 왕이 되기 위한 수업을 착실히 받았지요. 하지만 스물아홉 살이 되던 해에 석가모니는 진리를 찾기 위해 궁궐을 떠나 고행을 시작했어요. 결국 석가모니는 부다가야의 한 보리수나무 아래에서 49일간의 집중적인 명상을 한 끝에 깨달음을 얻어 해탈을 하고 부처가 되었지요.

불교는 마우리아 왕조와 쿠샨 왕조의 불교 장려 정책에 힘입어 크게 발전했어요. 불교는 인도를 넘어 동아시아의 끝에 있는 우리나라와 일본에까지 전파되었지요. 오늘날에도 우리나라에는 불교 신도가 아주 많아요.

불교에도 여러 종파가 있어요. 약간씩 세상을 바라보는 시각이 다르지요. 하지만 기본적인 교리는 크게 다르지 않아요. 이를테면, 인간의 모든 불행은 이기심과 욕심에서 비롯되기 때문에 이기심과 욕심을 버리면 해탈할 수 있다는 교리는 모든 불교 종파에서 볼 수 있지요.

자, 기원전 9세기부터 기원전 3세기까지의 세계 역사 여행을 끝마칠 때가 되었어요. 서양과 서아시아에서는 페르시아 전쟁, 펠로폰네소스 전쟁, 동방 원정 등의 굵직한 전쟁이 터졌지요. 그리고 마침내 헬레니즘 문화가 탄생했어요. 중국은 춘추·전국 시대라는 큰 혼란기였어요.

어쩌면 세계 전체가 혼란스러웠던 시기라고 볼 수 있어요. 그래도 역사는 꾸준히 발전하고 있었다는 사실은 꼭 기억해 두세요.

지도 위 세계사
산둥 성에서 만나는 공자와 맹자

산둥 성은 춘추·전국 시대의 제나라와 노나라가 있던 곳이에요. 유학의 두 성인인 공자와 맹자가 이곳 출신이지요. 풍경도 아주 아름다운 지역이에요. 산둥 성에서 공자와 맹자를 만나 보아요.

허베이 성

지난 시

타이 산 출발

산둥 성

산시 성

취푸 시

쩌우청 시

안후이 성

장쑤 성

타이 산

산둥 성 중부에 있으며 중국 5대 명산 가운데 하나예요. 이곳에서 진시황제, 한 무제 등 고대 중국의 황제들이 하늘에 제사를 지내는 '봉선의식'을 거행했지요. 그래서 요즘에도 중국 사람들은 이곳을 아주 신성하게 여긴답니다. 정상까지 돌계단이 7000개가 조금 넘어요.

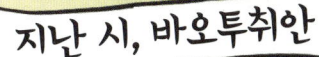

지난 시, 바오투취안

산둥 성의 성도인 지난 시에 있는 샘으로, 물줄기가 하늘 높이 세 갈래로 뿜어져 나와요. 물이 맑고 투명하며, 대체로 평균 18도의 온도를 유지한대요. 물맛도 달아서 청나라 건륭제도 이곳 샘물을 가져다 먹었다고 해요.

취푸 시, 공자 사당

취푸 시는 춘추·전국 시대에 노나라가 있던 곳이에요. 산둥 성의 남쪽에 있는 지닝 시에 속해 있어요. 공자가 태어난 곳으로 유명해요. 공묘(공자의 사당), 공부(공자 후손들이 사는 저택)가 있는데, 이 시 자체가 유네스코 세계유산으로 지정돼 있지요. 취푸 시에는 공 씨 성을 가진 주민이 10만 명이 넘어요.

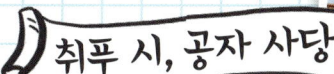

쩌우청 시, 맹자 사당

쩌우청 시는 맹자가 태어난 곳이에요. 산둥 성 지닝 시에 속해 있어요. 맹자 사당은 넓은 면적에 5개의 정원이 있어요. 이곳에 수백여 점의 중국 고대 문화재가 보관되어 있어요. 맹자를 공자에 버금가는 성인이라는 뜻으로 '아성'이라고 하기 때문에 맹자 사당을 '아성묘'라고도 해요.

세계사 정리 노트

지금까지 헬레니즘과 춘추·전국 시대를 이야기 했어요. 오늘날의 유럽 문화와 아시아 문화의 근본이 그리스 폴리스와 중국 춘추·전국 시대로부터 왔다고 해도 틀린 말이 아니에요. 헬레니즘과 춘추·전국 시대를 배울 때 나오는 지역, 사건, 유물 등을 다시 한 번 정리해 보아요.

정리 1 세계사 속 중요 지역

- **간다라** 파키스탄 서북부, 인더스 강 상류의 페샤와르 지역의 옛 이름이에요. 불교 문화와 그리스 문화가 융합되어 이루어진 간다라 미술이 시작된 곳이에요.
- **델로스 섬** 에게 해의 키클라데스 제도에 있는 작은 섬이에요. 아폴론 신앙의 중심지로 아폴론 신전이 있어요. 델로스 동맹의 본부가 있던 곳이에요.
- **바미안** 아프가니스탄 중부에 있는 도시예요. 바미안 강 북쪽 연안의 암벽에 뚫린 석굴로 유명해요.
- **스파르타** 고대 그리스의 도시 국가예요. 그리스 펠로폰네소스 반도 중부에 있는 라코니아 지방에 있었어요.
- **시라쿠사** 이탈리아 남쪽 끝 시칠리아 섬 동쪽 연안에 있는 도시예요. 고대 그리스의 식민지였어요.
- **아테네** 그리스 중부 아티카 지방에 있는 도시로, 그리스의 수도예요. 고대 그리스를 대표하는 도시 국가가 있던 곳이에요.

- **엑바타나** 고대 메디아 왕국의 수도였어요. 페르시아 제국의 중심 도시로, 지금의 이란 하마단에 해당해요.
- **취푸** 중국 산둥 성 서부 쓰수이 강 남쪽 기슭에 있는 도시예요. 춘추 시대 노나라의 도읍이었으며, 공자가 태어난 곳이에요.
- **키클라데스 제도** 그리스 에게 해 남쪽에 있는 섬의 무리예요. 델로스 섬, 낙소스 섬 등을 비롯하여 220여 개의 섬으로 이루어져 있어요.
- **테베** 고대 그리스의 도시 국가예요. 그리스 보이오티아 지방에 있었어요.
- **펀자브** 인도 서북부에서 파키스탄 북부에 걸친 인더스 강 상류 지방이에요. 고대 문명의 발상지예요.
- **페르세폴리스** 페르시아 제국에 있던 도시예요. 아케메네스 왕조 페르시아의 수도였어요. 지금의 이란 남부에 있는 파르스에 해당해요.
- **펠로폰네소스 반도** 그리스 남쪽에 있는 반도예요. 스파르타 등의 도시 국가가 있었어요.

정리2 세계사 속 중요 인물

- **공자** 중국 춘추 시대의 사상가로, 유가의 시조예요. 노나라 사람으로 여러 나라를 돌아다니며 덕으로 나라를 다스려야 한다고 주장했어요.
- **구천** 중국 춘추 시대 월나라의 제후예요. 오의 왕 부차에게 패하였으나 뒷날 원수를 갚았어요.
- **노자** 중국 춘추 시대의 사상가로, 도가의 시조예요. 무엇을 하려고 애쓰지 말고 있는 그대로 내버려 두어야 한다는 무위를 주장했어요.

- **다리우스 1세** 아케메네스 왕조 페르시아의 왕이에요. 페르시아 제국의 번영을 이끌었어요. 페르시아 전쟁 때 마라톤 싸움에서 아테네에 패하였어요.
- **드라콘** 고대 그리스 아테네의 지도자예요. 고대 그리스 최초의 성문법인 '드라콘의 법'을 만들었어요.
- **디오게네스** 고대 그리스의 철학자예요. 가난하지만 부끄러움이 없는 생활을 실천했어요. 알렉산드로스 대왕과의 일화가 유명해요.
- **리쿠르고스** 고대 그리스 스파르타의 전설적인 지도자예요. 스파르타의 법과 제도를 만들었다고 해요. 실재 인물인지 아닌지는 확실하지 않아요.
- **맹자** 중국 전국 시대의 사상가예요. '성선설'과 '왕도 정치'를 주장했어요. '아성'이라고도 불려요.
- **문공** 중국 춘추 시대 진의 제후예요. 춘추 5패의 한 사람으로, 국력을 충실히 하였어요.
- **부차** 중국 춘추 시대 오의 제후예요. 춘추 5패의 한 사람으로, 아버지 합려의 원수를 갚기 위하여 땔나무 위에서 마음을 다잡은 것으로 유명해요.
- **상앙** 중국 전국 시대 진의 정치가이자 사상가예요. 진의 법과 제도를 개혁하여 진이 중국을 통일할 수 있는 발판을 만들었어요.
- **석가모니** 불교의 창시자예요. 세계 4대 성인 가운데 한 사람이에요.
- **소진** 중국 전국 시대의 정치가예요. 강대국인 진에 대항하여 연, 조, 한, 위, 제, 초가 연대하도록 설득하여 성공했어요.
- **소크라테스** 고대 그리스의 철학자예요. 문답을 통하여 상대의 무지(無知)를 깨닫게 하고, 시민의 도덕의식을 개혁하는 일에 힘썼어요.
- **솔론** 고대 그리스 아테네의 정치가예요. 빈부의 차를 없애려고 노력하고 참정권과 병역 의무를 규정하여 민주 정치의 기초를 세웠어요.

- **순자** 중국 전국 시대 조의 사상가예요. 맹자의 성선설에 반대하여 성악설을 주장하였어요.
- **시황제** 중국 진의 첫 번째 황제예요. 처음으로 중국을 통일하고 스스로 시황제라 칭하였어요.
- **아낙시만드로스** 고대 그리스의 자연 철학자예요. 만물은 무한자에서 생기고 나중에 무한으로 다시 돌아간다고 하였어요.
- **아르키메데스** 고대 그리스의 자연 과학자예요. 지레의 원리, 아르키메데스의 원리 따위를 발견하였어요.
- **아리스토텔레스** 고대 그리스의 철학자예요. 후세의 학문에 큰 영향을 주었어요. 알렉산드로스 대왕의 스승으로도 유명해요.
- **아소카 왕** 인도 마우리아 왕조의 제3대 왕이에요. 인도 최초의 통일 왕국을 세웠으며 불교를 보호한 왕으로 유명해요.
- **알렉산드로스 대왕** 마케도니아 왕국의 왕이에요. 그리스, 페르시아, 인도에 이르는 대제국을 건설하였어요. 그리스 문화와 오리엔트 문화를 융합한 헬레니즘 문화를 이룩하였어요. 알렉산더 대왕이라고도 해요.
- **여불위** 중국 전국 시대 말기 진의 재상이에요. 진의 자초를 왕위에 올려 그 공로로 재상이 되었지만 시황제 때 쫓겨났어요. 백과사전인 〈여씨춘추〉를 편찬했어요.
- **자라투스트라** 고대 페르시아의 종교인 조로아스터교의 창시자예요. 세계를 선의 신인 아후라 마즈다와 악의 신인 아리만의 투쟁으로 보았어요.
- **장왕** 중국 춘추 시대 초의 왕이에요. 춘추 5패의 한 사람이에요.
- **장의** 중국 전국 시대 위의 정치가예요. 진의 재상이 되어 전국 시대 6국이 진과 따로따로 동맹을 맺도록 하여 결국 그 나라들이 진에 복종하도록 만들었어요.

- **장자** 중국 전국 시대의 사상가예요. 도가 사상의 중심인물로, 사람은 자연의 법칙에 따라 살아야 한다는 자연 철학을 주장했어요.
- **제논** 고대 그리스의 철학자예요. 변증법의 창시자로 불리며 역설적 논증으로 유명해요.
- **클레이스테네스** 고대 그리스 아테네의 정치가예요. 독재자가 나타나지 않도록 도편 추방제를 만들어 민주주의의 기초를 닦았어요.
- **키루스 2세** 아케메네스 왕조 페르시아를 세운 사람이에요. 페르시아를 통일하고 신바빌로니아 왕국을 정복하였으며, 정복된 민족의 제도와 종교를 존중하여 관용을 베풀었어요.
- **탈레스** 고대 그리스의 철학자예요. 자연 철학의 시조로 불려요.
- **페리클레스** 고대 그리스 아테네의 지도자예요. 민주 정치를 실시하고 델로스 동맹을 이끌어 그리스를 번영시켰어요.
- **프로타고라스** 고대 그리스의 철학자예요. '인간은 만물의 척도다'라고 주장하였어요.
- **플라톤** 고대 그리스의 철학자예요. 소크라테스의 제자로, 아카데미아를 세워서 생애를 교육에 바쳤어요.
- **필리포스 2세** 마케도니아 왕국의 왕이에요. 알렉산드로스 대왕의 아버지예요.
- **한비** 중국 전국 시대 말기의 사상가예요. 한비는 순자의 성악설과 노자의 무위자연설을 받아들여 법가를 집대성했어요.
- **환공** 중국 춘추 시대 제나라의 제후예요. 춘추 5패의 한 사람으로 부국강병에 힘썼어요.

정리3 세계사 속 중요 사건

- **델로스 동맹** 기원전 477년에 아테네가 페르시아의 침략에 대비하여 에게해 일대의 여러 나라와 맺은 해상 동맹이에요. 본부를 델로스 섬에 두었어요.

- **도편 추방제** 고대 도시 국가 아테네에서, 시민 투표를 통하여 장차 독재자가 되려는 야심가를 가려내어 나라 밖으로 추방하던 제도예요. 도자기 파편에 그 이름을 적어 내도록 한 비밀 투표로, 6천 표가 넘는 자는 10일 이내에 아테네를 떠나 10년간 나라 밖에서 지내야 했어요.

- **이오니아 반란** 소아시아 서쪽 지중해 연안 및 에게 해에 마주하는 이오니아 지방의 그리스 식민 도시들이 페르시아 제국에 대항하여 일으킨 반란이에요. 기원전 499년부터 493년까지 이어졌어요.

- **중앙 집권제** 모든 권력을 중앙에 집중하는 통치 체제예요. 고대 페르시아 제국에서 실시한 정치 제도예요.

- **페르시아 전쟁** 기원전 492년부터 기원전 479년까지 페르시아 제국과 그리스가 맞붙은 전쟁이에요. 그리스가 승리했어요.

- **펠로폰네소스 동맹** 기원전 6세기에 결성된 그리스 도시 국가들의 군사 동맹이에요. 스파르타를 중심으로 펠로폰네소스 반도 주변의 도시들이 참여했어요.

- **펠로폰네소스 전쟁** 기원전 431년부터 기원전 404년까지 아테네를 중심으로 하는 델로스 동맹과, 스파르타를 중심으로 하는 펠로폰네소스 동맹이 벌인 싸움이에요. 스파르타가 승리했어요.

> 정리4 **세계사 속 중요 유물**

- **간다라 불상** 그리스 조각을 보고 만든 석가모니의 모습이에요. 간다라 불상은 곱슬거리는 머리와 오뚝한 코, 입체적인 옷 주름 등이 특징이에요.
- **바미안 석불** 아프가니스탄 중부 힌두쿠시 산의 바미안에 있는 불상이에요. 아프가니스탄의 이슬람 탈레반 정권이 가장 큰 불상을 파괴했어요.
- **사모트라케 니케 상** 헬레니즘 시대의 대리석 조각상이에요. 니케는 승리의 여신을 뜻해요. 이 조각상은 헬레니즘 시대를 대표하는 조각상으로 지금은 프랑스 루브르 박물관에 있어요.
- **산치 대탑** 인도 중부 마디아프라데시에 있는 탑으로, 아소카 왕이 세웠어요. 탑은 석가모니의 사리를 보관하기 위해 세운 것이에요.
- **석굴암** 경상북도 경주시 토함산 동쪽에 있는, 우리나라의 대표적인 석굴 사원이에요. 헬레니즘 문화의 영향을 받았어요.
- **세형동검** 우리나라에서 출토되는 청동기 시대의 동검이에요. 한국식 동검이라고도 해요.
- **원반 던지는 사람** 고대 올림픽의 한 종목이었던 원반을 던지는 모습을 조각한 거예요.
- **키루스 원통** 세계 최초의 인권 선언문이 적혀 있는 진흙으로 만든 원통이에요. 키루스 대왕이 바빌로니아를 정복한 뒤에 발표한 내용이 쐐기 문자로 적혀 있어요.
- **파르테논 신전** 그리스 아테네의 아크로폴리스 언덕에 있는 신전이에요. 아테나이 파르테노스를 모신 신전으로, 고대 그리스를 대표하는 건축물이에요.

찾아보기

ㄱ
가우가멜라 전투 96
간다라 118
간다라 미술 119
간다라 불상 119
갠지스 강 114
고레스 왕 42
고르디온 90
고르디온의 매듭 91
고조선 149
고타마 싯다르타 116
공 131
공맹 159
공자 156
공자 사당 185
관용 정신 44
관용의 대왕 40
〈관자〉 149
구천 138
군국주의 22
그라니코스 강의 전투 90
그리스 식민 도시 46

ㄴ
낙소스 섬 103
난다 왕조 114
노자 167
〈논어〉 156
뉴 아크로폴리스 박물관 35

니키아스 70

ㄷ
다리우스 3세 93
다리우스 대왕 43
대승 불교 10, 119, 121
〈대학〉 156
덕치 158
데모크리토스 172
델로스 동맹 62
델로스 섬 62, 102
델포이 78
도가 167
〈도덕경〉 167
도리아 인 25
도전 129
도편 추방제 30
동굴의 비유 178
동방 원정 89
동주 128
드라콘 27
드라콘의 법 27
디오게네스 87
디오니소스 극장 35

ㄹ
레오니다스 51
리쿠르고스 23

ㅁ
마가다 왕국 114
마라톤 50
마우리아 왕조 115
마케도니아 85
맹모삼천 159
맹자 159
맹자 사당 185
〈맹자〉 159
메디아 왕국 38
무위 167
무한 172
문공 134
미노타우로스 103
민회 20
밀집 대형 전술 48
밀티아데스 48

ㅂ
바미안 석불 120
바오투취안 185
법가 163
베르가마 125
병마용 갱 153
봉건 제도 10
부족 연맹 왕국 150
부차 138
불교 116, 181
불탑 117

ㅅ

사모스 섬 79
사모트라케의 니케 상 109
사서 156
사서오경 156
산시 역사 박물관 152
산치 대탑 117
산토리니 섬 103
산파술 176
〈산해경〉 150
살라미스 해협 53
상앙 163
상좌부 불교 10, 117
서주 128
석가모니 116, 181
석가여래 좌상 122
석굴암 122
성선설 161
성악설 162
세계 시민주의 109
세계주의 109
세형동검 150
셀레우코스 왕국 101
소승 불교 117
소아시아 8
소진 142
소크라테스 175
소피스트 175
솔론 28

수신제가치국평천하 158
순자 162
슈슈타르 56
슈슈타르 관개 시설 56
스투파 117
스파르타 23, 60
스핑크스 76
시라즈 57
시라쿠사 70
시르캅 125
시칠리아 섬 70
시황제 147
신바빌로니아 38

ㅇ

아고라 22, 34
아낙시만드로스 172
아낙시메네스 172
아르카디아 산 79
아르콘 21, 26
아르키메데스 110
아리스타르코스 113
아리스토텔레스 84, 178
아리아드네 103
아방궁 터 153
아성 159
아소카 왕 115
아스클레피오스 신전 79
아카데메이아 177

아케메네스 왕조 페르시아 39
아크로폴리스 22, 35
아테네 22, 26, 34
아후라 마즈다 180
안티고노스 왕국 101
알렉산드로스 대왕 82, 106, 124
알렉산드리아 95, 108, 125
알키비아데스 70
에게 해 102
에라토스테네스 113
에람 정원 57
에피다우로스 79
엑바타나 38
여불위 146
〈여씨춘추〉 147
연 150
연횡책 142
예 158
오리엔트 8
오경 156
500인 평의회 30
오이디푸스 74
오이디푸스 콤플렉스 76
올림피아 제전 18
와신상담 139
왕도 정치 161
왕의 길 43
우경 128
유레카 111

유일신 사상 181
이데아 178
이소스 전투 93
이오니아 반란 47
인 158
인권 선언 42
일자천금 148

ㅈ

자라투스트라 180
자연 철학 171
자초 146
장왕 136
장의 142
장자 167
〈장자〉 167
전국 7웅 141
전국 시대 9, 129, 140
〈전국책〉 129
정 147
제논 172
제자백가 9, 156
조로아스터교 180
중앙 집권 제도 43
〈중용〉 156
지난 시 185
진 142
진시황릉 153
쩌우청 시 185

ㅊ

찬드라굽타 마우리아 115
참주 29
춘추 5패 132
춘추 시대 9, 129, 132
〈춘추〉 129, 156
춘추·전국 시대 128~149
취푸 시 185

ㅋ

캄비세스 2세 42
쿠샨 왕조 119
크세르크세스 50
클레이스테네스 29
키루스 대왕 39
키루스 2세 39
키클라데스 제도 47, 102

ㅌ

타이 산 184
탈레스 171
테르모필레 협곡 51
테미스토클레스 53
테베 74
테세우스 103

ㅍ

파로스 섬 103
파르테논 신전 35, 64
파사르가대 57
8조법 151
페르가몬 왕국 125
페르세폴리스 45, 57
페르시아 전쟁 46, 55, 66
페리클레스 63, 67
페샤와르 118
페이시스트라토스 29
펠라 124
펠로폰네소스 동맹 61
펠로폰네소스 반도 60
펠로폰네소스 전쟁 67
폴리스 18
폴리스 문화 108
프로타고라스 174
프톨레마이오스 왕국 101
플라톤 177
피타고라스 172
필리포스 2세 85, 124

한비 149, 165
〈한비자〉 165
합려 138
합종연횡 145

합종책 142
헤라 신전 79
헤라클레이토스 172
헬레네스 18
헬레니즘 8, 101

헬레니즘 문화 108
헬레니즘 제국 101
화칭츠지 153
환공 133
회맹 132

세계사 ❷ 사진제공

16p 셔터스톡, 위키미디어 공용 | 19p 위키미디어 공용 | 22p 셔터스톡 | 29p 위키미디어 공용 | 30p 위키미디어 공용 | 31p 셔터스톡 | 34p 셔터스톡 | 35p 셔터스톡, 위키미디어 공용 | 36p 셔터스톡, 위키미디어 공용 | 39p 위키미디어 공용 | 42p 위키미디어 공용 | 43p 위키미디어 공용 | 45p 셔터스톡 | 51p 위키미디어 공용 | 56p 위키미디어 공용 | 57p 셔터스톡 | 58p 셔터스톡, 위키미디어 공용 | 62p 셔터스톡 | 63p 셔터스톡 | 64p 위키미디어 공용 | 78p 셔터스톡 | 79p 셔터스톡, 위키미디어 공용 | 80p 셔터스톡 | 82p 셔터스톡 | 93p 위키미디어 공용 | 96p 위키미디어 공용 | 102p 셔터스톡 | 103p 셔터스톡, 위키미디어 공용 | 104p 위키미디어 공용 | 109p 위키미디어 공용 | 110p 위키미디어 공용 | 116p 위키미디어 공용 | 117p 셔터스톡 | 118p 위키미디어 공용 | 119p 위키미디어 공용 | 120p 위키미디어 공용 | 122p 위키미디어 공용 | 124p 셔터스톡 | 125p 셔터스톡, 위키미디어 공용 | 126p 국립중앙박물관, 셔터스톡 | 129p 위키미디어 공용 | 137p 위키미디어 공용 | 150p 국립중앙박물관 | 152p 위키미디어 공용 | 153p 셔터스톡, 위키미디어 공용, 토픽이미지스 | 154p 셔터스톡, 위키미디어 공용 | 156p 셔터스톡 | 159p 위키미디어 공용 | 162p 위키미디어 공용 | 167p 위키미디어 공용 | 171p 위키미디어 공용 | 172p 위키미디어 공용 | 175p 셔터스톡 | 177p 위키미디어 공용 | 178p 위키미디어 공용 | 180p 셔터스톡 | 184p 위키미디어 공용 | 185p 셔터스톡, 위키미디어 공용